1인 1책

베스트셀러에 도전하라

1인 1책
베스트셀러에 도전하라

....

1판 1쇄 발행 2016년 4월 2일
2쇄 발행 2016년 5월 23일

지은이 김준호
펴낸이 양철승
펴낸 곳 나눔북스
기획 1인1책
(www.1person1book.com)
편집 1인1책
교정·교열 주선우
표지·본문 디자인 김효진
출판등록 2014년 9월 4일
주소 서울 강북구 미아동 303-41 1층 나눔북스
대표전화 02-989-8842
팩스 02-980-8988
이메일 armarchi@hanmail.net

ⓒ김준호 2016

ISBN 979-11-86967-01-0
책 값은 뒤표지에 있습니다.

이 책 내용의 일부 또는 전부를 재사용하려면 반드시 나눔북스의 동의를 얻어야 합니다.
잘못 만들어진 책은 구입하신 서점에서 교환해야 합니다.

베스트셀러에 도전하라

1인 1책

책쓰기에서
출판사섭외·홍보까지
전 과정 공개

김준호 지음

나눔북스

머리말

20년 전 어느 늦은 밤, 여의도에 위치한 홍익미디어 출판사의 문을 나오면서 내 손에 쥐어진 수표를 펴 보았다. 100만 원 짜리였다. 문득 환호를 내질렀다. 내가 쓴 책이 나오고, 선인세로 100만 원을 받다니, 이게 꿈인가.

그날 집으로 돌아온 다음, 난 목욕을 하고나서 집필계획서를 써보았다. 그리고 5개월 만에 집필을 하고, 1년 만에 나의 첫 책이 나왔다. 〈영어에 성공한 사람 17인이 털어 놓은 영어학습법〉. 이 책이 시중 서점에 깔리는 날 서울 종로에 위치한 종로서적 5층, 외국어 코너에 가 보았다. 꽤 많은 사람들이 영어학습법 책 중 내 책을 손에 쥐고 조금 넘겨 보더니, 바로 카운터로 가서 책 가격을 지불했다. 순간 "아, 내 책이 먹히는 구나, 그래도 6천 원하는 내 책을 사는 독자는 횡재를 한 거지"하며 독백을 했다.

당시 이 책을 쓰기 위해서 30여명의 영어 대가들을 만나 인터뷰를 진행하고, 17인을 추려 그 엑기스만 담은 책 내용에 대한 자부심이 있었기 때문이다.

결국 〈영어에 성공한….〉은 수개월간 교보문고, 종로서적, 영풍문고 외국어 부문 베스트셀러 1위를 했고 그해 영어부문 베스트셀러에 등극했다. 내가 처음으로 쓴 책이 베스트셀러에 오른 것이다.

이 책 이후 몇 권의 책을 더 썼고, 내가 종사하는 신문의 필자의 부탁으로 기획 진행을 한 경험을 바탕으로 난 출판계와 인연을 맺게 됐다. 결국 2006년 국내 저자 에이전시와 출판기획을 전문으로 하는 서정콘텐츠그룹이란 출판 에이전시를 창업했다. 그 이후 100여명의 저자들과 함께 178권의 책을 기획출판했고, 한 사람이 한권의 책을 쓰자는 1인1책 캠페인을 벌이고 있다.

1인1책이란 브랜드는 기획출판을 하는 과정에서 '모든 국민이 한 권의 책을 쓰자'는 나의 모토를 듣고, 한 작가의 가족이 발의한 용어였다. 그 이후 난 1인1책을 기획출판하는 전 과정의 이름으로 명명하고, 1인1책 교육 프로그램도 만들고, SNS 상에서 1인1책을 사용하기 시작했다. 1인1책이 대세인지, 최근에는 나와 유사한 일을 하는 사람이 1인1책이란 용어로 교육 프로그램을 운영하다가 내 항의를 받고 중단하는 경우도 있었다. 내가 1인1책을 오래전부터 사용했고, 이를 상표등록까지 모두 마쳤기 때문에 법적으로나 도의적으로 1인1책은 필자의 브랜드이기 때문이다.

1인1책은 책의 기획에서 출판사 섭외, 편집과 제작, 마케팅에 이르기까지 출판의 전 과정을 관여 한다. 그리고 저자, 출판사와 함께 책의 성공을 위한 다양한 방법을 제시하고, 함께 노력한다. 총 178권의 1인1책을 진행 하다보니 그 과정에서 어떻게 하면 책이 성공할 수 있을까, 즉 베스트셀러 가 될 수 있을지에 대한 감이 생기게 됐다. 이 책은 이러한 경험을 토대로 만든 책이다.

요즘 책쓰기 과정이 붐이다. 이 분야에 종사하는 만큼 나 역시 책쓰기 강 사들에 대해 관심이 많다. 그런데 일부 강사들은 책쓰기만 강조를 하지, 출 판에 대해 피상적으로 알고 있거나 출판 경험 자체가 그리 많지 않은 경우 도 많았다. 이건 아니다라는 생각이 들었다. 나의 경우 책쓰기, 책 기획출 판, 출판사 섭외, 출판 마케팅 경험, 자비출판 진행 등 출판 전반에 관한 경 험이 많았기에 막 책을 내려는 예비저자나 1~2권의 책을 낸 사람들에게 출판의 성공에 대한 조언을 할 수 있다.

저자로서, 출판기획자로서 출판사 본부장으로서 편집과 마케팅을 경험 하였다. 그래서 저자가 책을 낼 수 있는 프로세스와 콘텐츠 전반을 잘 알기 에 질 높은 컨설팅을 할 수 있다. 이런 배경이 내가 〈1인1책 : 베스트셀러에 도전하라〉를 펴내게 된 계기가 됐다.

이번 책에서는 베스트셀러가 되기 위해서는 출판을 어떻게 해야하는 지를 쉽게 접근하고자 했다. 먼저 1장에서는 베스트셀러가 되기 위한 출 판전략을 다룬다. 왜 국제표준도서번호인 ISBN(International Standard Book Number)을 가져야 하는가, 책의 프로세스를 알아야 하는 이유 등을 다룬다.

2장에서는 책의 성패를 좌우하는 기획에 대한 요령을 제시한다. 3장에서는 본격적인 책쓰기 방법을, 4장에서는 책을 낼 출판사에 관한 부분을 소개한다. 5장에서는 홍보를 집중적으로 다룬다.

이 내용들은 딱딱한 이론이 아니다. 실제 178권의 책을 기획출판하고, 집필한 경험을 토대로 베스트셀러가 되기 위한 최적화된 1인1책의 비밀을 다룬 것이다. 내가 직접 기획해서 성공하거나 실패했던 따뜻한 경험과 노하우가 살아있는 책이다. 여러분들이 이 책을 읽고 1인1책의 꿈을 갖고 성공할 수 있다면 보람을 느낄 것이다.

이 책이 나오기까지 늘 지지를 해 준 나눔북스 양철승 대표에게 감사를 전한다. 또한 애정어린 추천사를 써준 250권의 ISBN을 갖고 있는 고정욱 작가와 70여권의 책을 쓴 바 있는 유영만 교수(한양대)에게 감사하다. 이 외에도 1인1책 상담, 코칭, 글쓰기교실 등에서 만난 1인1책 멤버들과 178권의 기획출판을 통해 만난 저자와 출판사 관계자, SNS상의 친구들이 고맙다. 마지막으로 나와 내 글을 좋아해서 늘 격려해주며 원고를 읽고 피드백까지 주는 아내에게 '사랑한다'는 문구를 전한다.

2016년 3월 망원동
1인1책 베이스캠프에서
김준호

언젠가 당신도 크게 외쳐라

고정욱(소설가, 동화작가)

"산이 그 곳에 있어서 간다."
에베레스트를 최초로 정복한 힐러리 경의 유명한 말이다. 세계 최정상 에베레스트는 힐러리 이후로 수많은 산악인들이 뒤를 이어 정상을 밟았다. 그러나 요즘의 에베레스트는 그렇지도 않다고 한다.
등반 성공률이 2012년에는 무려 56퍼센트에 달했다. 심지어 어떤 날에는 하루에 234명이 등반한 기록도 있다. 이를 두고 혹자들은 에베레스트는 돈만 주면 패키지 관광처럼 올라갈 수 있는 동네 뒷산이 되었다고 깎아내리기 급급하다.
하지만 세상은 변하고 있고 이 세상에 도전하지 못할 것은 하나도 없다. 도전은 어느 특정인의 전유물이 결코 아니다. 에베레스트 정상이 내 발밑에 있지 말아야 할 이유는 이 세상 어디에도 없다.
책 쓰기도 그렇다. 과거의 책과 문자는 누구의 전유물이었던가. 소수의 식자층, 지배층들의 전유물이 아니었던가. 그들이 폐쇄적으로 생산하고 향유하는 책이야말로 이데올로기와 지배이념의 총아였으며 부와 권력의 상징이었다. 하지만 지금은 어떠한가. 대형서점에만 가보아도 수없이 많은 책들이 독자들의 손길을 기다리고 있다. 하루에도 수백 권의 책이 쏟아져 나온다. 이제 더 이상 책은 특정 계층의 전유물이 아니다. 누구나 살면서 하고픈 이야기가 있고 스토리가 있다. 이 세상에 의미 없는 바람 한 점, 쓸데없이 핀 꽃 한 송이 없지 않은가 말이다. 힐러리가 에베레스트를 오를 때 셰르파 텐징 노르가의 도움을 받은 것처럼 책쓰기도 도와주는 이만 있으면 누구나 가능한 일이 된다. 김준호 대표의 이 책은 바로 저서 출간이라는 지식의 에베레스트를 오르려는 당신의 셰르파이다. 기획부터 집필, 출판, 그리고 홍보 마케팅까지. 178권의 도서 기획출간 경험을 가진 기획자이자 출판 에이전트인 1인1책 대표인 저자의 회심의 역작이다. 민완한 책세상의 가이드이며 멘토인 그의 도움을 받으면 오르지 못할 봉우리는 하나도 없다. 책을 내고 싶어 하는 자, 또한 책을 통하여 자신의 이야기를 세상에 알리고픈 자, 더 나아가 세상과 소통하며 삶을 바꾸고 싶은 자는 모두 이 책을 독파해야 할 것이다.
에베레스트조차 더 이상 전문 등반가들만의 영역이 아닌 세상이다. 이제 남은 것은 당신의 선택뿐이다. 언젠가 당신도 정상에서 크게 세상에 외쳐야 하지 않겠는가.
"쓸거리가 내 안에 있어 책을 쓴다."

kingkkojang@hanmail.net

책(責) 잡히기 전에 책(冊)을 쓰자

유영만(한양대교수, 지식생태학자)

세상에는 책을 읽는 사람과 그렇지 않은 사람으로 나뉜다. 책을 읽는 사람은 책을 읽지 않는 사람의 마음을 읽을 뿐만 아니라 세상을 남다르게 읽어낼 수 있다. 책을 읽으면 남다르게 읽을 수 있는 힘이 생긴다. 책을 읽는 사람은 남다르게 생각의 밭을 일굴 수 있다. 그래서 책을 읽는 사람은 읽지 않는 사람에 비해 생각의 근육이 발달되어 있다. 책 읽기의 최종 목적지는 책쓰기다. 책을 읽고 쓰기로 연결시킨 사람은 책을 제대로 읽은 사람이다. 남다르게 다양한 책을 읽어야 자신이 살아가는 삶을 남다르게 쓸 수 있다. 읽지 않으면 읽히고 쓰지 않으면 쓰러진다. 자신이 모든 삶을 다 살아볼 수 없기 때문에 책에 들어 있는 다양한 삶을 간접 경험하면서 내가 살아보지 못한 삶을 바라볼 수 있다. 다른 삶을 바라볼 수 있게 만드는 책 읽기는 결국 내가 살아가는 삶을 나만의 시각으로 쓸 수 있게 만드는 원동력이다.

사람을 구분하는 또 다른 방법이 있다. 자신의 삶을 책으로 쓴 사람과 그렇지 못한 사람이다. 책을 읽는 사람과 책을 읽지 않는 사람의 차이보다 책을 쓴 사람과 그렇지 않은 사람 간에 더 큰 차이가 존재한다. 책을 쓴 사람은 자신의 삶을 담아낸 역사적 기록을 갖고 있는 사람이다. 책에 담긴 글이 곧 자신이 살아오면서 온몸에 각인된 삶의 얼룩과 무늬다. 글은 곧 그 사람이듯이 책은 곧 내 삶의 증표다. 책을 쓴 사람은 그만큼 자신의 삶을 뒤돌아보고 앞을 내다보며 자신이 누구인지를 진지하게 탐구한 사람이다. 책을 쓴 사람이 책을 쓰지 않은 사람에 비해 자신을 누구보다도 정확히 아는 사람이다. 책을 쓴다는 것은 곧 내가 누구인지를 알아가는 과정이다.

때마침 '당신이 곧 콘텐츠'라는 슬로건으로 전 국민이 한 권의 책을 쓰자는 운동을 벌이고 있는 김준호 대표의 책 쓰기 비결이 한 권의 책으로 나왔다. 〈1인 1책: 베스트셀러에 도전하라〉다. 이 책은 책을 기획하고 쓰는 요령부터 출판해서 홍보까지 책이 태어나서 다른 독자의 손으로 가기까지의 과정을 구체적인 사례를 들어 일목요연하게 설명하고 있다. 나아가 책을 통해 자기다움을 드러내는 브랜드를 어떻게 만들어나갈 것인지에 대해서도 1인 1책 브랜드를 통해 체험적 사례를 보여주고 있다. 이 책은 책(責) 잡히기 전에 책(冊)을 어떻게 쓸 수 있는지를 구체적으로 보여주는 책 쓰기의 ABC다. 한 권의 책으로 저마다의 삶을 담아내는 책을 어떻게 쓸 수 있는지를 적나라하게 보여주고 있다.

사람은 누구나 저마다의 소중한 삶과 사연을 지니고 있다. 모든 사람은 책을 쓸 자격과 능력이 있다. 다만 쓰지 않을 뿐이다. 책을 쓰는 유일한 방법은 우선 쓰는 것이다. 쓰는 방법이나 비법은 쓰려고 마음먹은 사람이나 직접 책을 쓰는 사람에게만 유용하다. 〈1인 1책: 베스트셀러에 도전하라〉는 책을 쓰려고 막연한 생각을 하고 있는 사람들에게 구체적인 지침서이자 누구나 참고해야 될 필독서다. 책을 쓰고 싶은 모든 사람들에게 이 책은 "나는 쓴다. 고로 존재한다"는 체험적 깨달음을 제공해줄 수 있을 것으로 믿어 의심치 않는다.

010000@hanyang.ac.kr

목차

머 리 말	04
추 천 사 1	08
추 천 사 2	10

Part 1 베스트셀러가 되기 위한 출판전략   014

ISBN이 있는 사람과 없는 사람	016
당신의 성공과 행복을 위해 1인1책에 도전하라	022
책쓰기 프로세스를 이해하라	030
원소스 멀티매체를 개발하라	035
1년 프로젝트에 도전하라	040
맞춤형으로 기획하라	044
지속가능성으로 책을 써라	051
자기만의 브랜드를 만들어라	056

Part 2 기획이 성패를 좌우한다   062

독자의 시각으로 기획안을 만들어라	064
경쟁도서를 찾아라	068
베스트셀러 공식을 활용하라	071
글을 못써도 책을 낼 수 있다	079
눈에 들어오는 목차 만들기	083
목욕재계 하고 쓰는 책의 집필계획서	088
1인1책 10계명	095

Part 3 출판사와 친구가 되어라   096

저자가 찾고 싶은 출판사	098
출판사와 계약하는 원칙	105
인세에 관한 모든 것	110
편집자와 파트너가 되어라	114
디자인, 인쇄, 유통에 대해 저자가 알아야 할 것	118

Part 4 책쓰기만의 요령이 따로 있다   122
지옥의 펑고와 책쓰기   124
책쓰기는 100미터 달리기가 아닌 마라톤   128
정보와 자료수집   132
책쓰기를 끝내고 쓰는 머리말   137
저작권을 모르면 공든 탑이 무너진다   142
성공하는 저자들의 7가지 습관   147
책쓰기의 천하무적이 되어라   154

Part 5 홍보에 목숨을 걸어라   160
자동차에 홍보포스터를 붙이는 이유   162
스마트 세상의 손바닥 기기를 활용하라   168
이벤트를 만들 수 있는 저자   173
홍보 플랫폼이 중요하다   176
책 출간 후 강연하기   180
당신의 경조사도 미디어로 알려라   186

에 필 로 그   190

부 록 1
출판권 계약서 쓰기   196
1인1책 아카데미(상담, 일대일코칭, 그룹코칭)   202

부 록 2
1인1책 178권의 책   207

Part 1

베스트셀러가 되기 위한
출판전략

📖 ISBN이 있는 사람과 없는 사람

이 세상에는 ISBN이 있는 사람과 없는 사람, 이렇게 두 가지 부류가 있다. ISBN(International Standard Book Number)은 우리말로 국제표준도서번호이다. 저자가 책을 쓰면 부여되며, 세계에서 단 하나뿐인 번호이다.

ISBN 바코드

국립중앙도서관에 등재된 ISBN은 세월이 지나도 변하지 않는다. 책을 쓴 저자의 자손이 세월이 흐른 뒤 찾아가도 할아버지, 할머니의 저술을 확인할 수 있다. 이 얼마나 영광

서적의 ISBN 예:

스러운가? 하지만 이 소중한 번호는 아무에게나 부여되지 않는다. 오로지 책을 쓴 저자만이 얻을 수 있다.

자신의 책이 없으면 전문가로서 미흡

이 사회에서는 많은 사람들이 활동하고 있다. 특히 스마트한 세상이 오면서 달라진 환경에 맞춰 스마트 세상을 선도하는 사람들이 있다. A씨도 SNS 전문가로 스마트한 세상을 역설하고 있다. 많은 사람들에게 SNS의 효용성을 강조하고 코칭 한다. 하지만 그는 아직 ISBN을 갖지 못했다. ISBN이 없으니 A씨의 주장도 강한 영향력을 발휘하기가 쉽지 않다. 각종 강연이나 프로그램에 참여하고 있지만 전문가로서 대접 받는 것이 미흡하다.

책을 내지 못한 강연자들은 결정적인 순간, 책의 저자가 가진 영향력에 밀린다. 출판 에이전트 경험이 오래다보니 강사나 전문가를 기업체나 지방자치단체에 소개하는 경우가 있다. 어느날 모기업 대표가 필자에게 물었다.

"이미지 컨설턴트 분야의 전문가를 한 분 소개해 주세요."

"네. Y씨라고, 그 분야의 전문가인데 한 번 만나보시겠어요?"

"Y씨의 저서는 무엇이죠?"

"그 분은 아직 저서가 없는데요."

기업대표는 Y씨가 저서가 없다는 얘기에 적잖이 실망하는 눈치였다. 이미지 컨설턴트 Y씨는 그 기업대표에게 프로필을 보내는 기회조차 박탈당했다. 평소 출판하겠다고 입버릇처럼 이야기한 Y씨이지만 실행에 옮기지 못해 자신이 도약할 좋은 기회를 놓친 것이다. 최근 책쓰기 붐이 일어나 누구나 쉽게 책을 출판하는 경우가 많다. 하지만 아직도 저자란 타이틀을 다는 사람은 상대적으로 적다. 책의 저자가 갖는 상징성과 실리는 여러모로 많다.

입시스타에서 교육전문가로 변신한 이범 저자

하나의 ISBN을 부여받고, 입시스타에서 교육전문가로 변신한 이범 저자가 있다. 2005년초 필자는 그에게 책쓰기를 제안했다. 당시 메가스터디라는 입시사이트 과학탐구 강사였다가 그만둔 그는 '사교육계의 서태지'란 별명이 붙은 스타강사였다. 사교육의 병폐에 문제의식이 높았던 그에게 사교육 비판과 진짜 공부법에 관한 책을 권했고, 출판사를 섭외해 기획을 진행했다. 이 책은 〈이범, 공부에 反하다〉(한스미디어)라는 제목으로 나왔다.

출간 전 입시스타였던 그는 출간 이후 한 신문 기자가 '교육평론가 이범'이라고 붙여준 닉네임 덕분에 진짜 교육평론가로 변신했다. 그 후 〈수호천사 이야기〉(다산북스), 〈이범의 교육특강〉(다산북스)을 함께 작업했고, 그는 대한민국 대표 교육전문가로 확실히 자리매김했다.

당시 사교육계에서 교육 전반의 전문가로 탈바꿈하게 된 계기는 그가 갖고 있던 한개의 ISBN 때문이었다. 사실 그의 성공은 출판 에이전트로 출발을 내딛은 필자에게도 큰 의미와 성과를 안겨다 주었다.

2006년 교육서 부문 베스트셀러. 연봉 18억을 포기하고 무료강의를 통해 입시공화국 대한민국에 일대 혁명을 일으킨 대한민국 최고 강사 이범! 그가 말하는 진짜 공부법!

『이범, 공부에 반(反)하다』
이범 지음 | 한스미디어

삶이 주는 최고의 학위 1인1책

책쓰기에 성공해 자신의 책을 출판한 사람은 삶이 주는 최고의 학위를 받은 사람이다. 자신이 갖고 있는 가장 흥미로운 취미나 전문지식, 경험을 토대로 책을 만들었기 때문이다. 누군가를 만났을 때 명함을 준다면 그저 평범한 만남이 될 수 있다. 하지만 명함 대신 자신이 저술한 책을 준다면 좋은 이미지와 강한 임팩트를 남겨 조금 더 특별한 만남으로 이끌 수 있다. 그동안 출판 에이전트를 하며 만난 저자들 역시 박사는 아니었지만 삶이 주는 최고의 학위를 가진 사람들이었다. 책을 냈기 때문이다.

그들이 모든 분야의 전문가는 아니었다. 경력이 단절된 주부도 있었고, 질풍노도의 인생기를 거치는 고교생도 있었다. 그들은 한 권의 책을 내고자 밤낮없이 연구하고 조사했다. 썼다 지우고 또 썼다 지우며 좋은 원고를 만들기 위해 피나는 노력을 했다. 자신이 가진 것의 가치를 인정하고 존중하는 그들과 함께 책을 기획 진행하는 일은 보람이 컸다. 시간과 열정을 쏟아낸 그들이, 결국 인생이 주는 최고의 학위를 받던 그 순간, 곁에서 함께 노심초사한 필자는 크나큰 감동을 받았다.

유성룡의 〈징비록〉이 가진 무게

2015년 〈징비록〉이란 드라마가 방영됐다. 대하 사극이라 출연 배우들도 화려했지만 무엇보다 제목이 주는 무게감이 남달랐다. 원래 〈징비록〉은 1592년부터 1598년까지 임진왜란의 전

: 드라마 〈징비록〉, KBS 홍보실 제공

란사로서 당시 전쟁 통에 조선의 국정을 총괄한 류성룡이 집필한 책이다.

첫 장에서부터 수많은 인명을 앗아가고 조선 강토를 유린한 참혹했던 임진왜란의 현실이 기록되어 있다. 〈징비록〉에는 임진왜란의 전모가 정확하고 생생하게 비춰지고 있어 후대에 뼈아픈 교훈을 주고 있다. 이 책은 후에 일본과 중국에까지 건너가 큰 반향을 일으키며 동아시아의 베스트셀러가 되기도 했다. 이렇게 책을 통해서 기록이 남겨진다는 것은 역사에서 중요한 의미를 가진다. 더욱이 사건에서 얻을 수 있는 교훈이 있기에 후세에게 영향력을 끼치게 됨은 물론이다.

만약 유성룡이 임진왜란의 전란을 담은 〈징비록〉을 기록하고 펴내지 않았다면 후대들이 전쟁의 참화를 어찌 자세히 알 수 있었겠는가. 당시에 부여된 번호는 없었지만 기록하고 정리한 한 권의 책이 역사와 민족에게 큰 도움을 주었다. 앞서 ISBN은 세계에서 단 하나밖에 없는 번호라 말한 바 있다. 자신만의 이야기와 콘텐츠가 유일한 번호를 부여받아 독자에게 기억되는 것이다. 만일 유의미한 책을 펴낼 수 있다면 얼마나 많은 사람들에게

선한 영향력을 줄 수 있겠는가. 당신은 ISBN을 갖고 싶지 않은가.

출판의 기회는 열려 있다

그동안 출판을 원하는 사람들을 만나면서 희로애락을 함께 했다. 무수한 시행착오와 경험을 축적하면서 출판의 환상을 가져선 안 된다는 생각도 했다. 일부 책쓰기 프로그램에서 한 권의 책을 쓰면 큰돈을 벌고 세상을 모두 가질 수 있다고 과장하는 것을 보면서 178권의 기획출판 경험을 갖고 있는 필자로서는 사실 걱정이 앞선다.

출판으로 인해 누구나 돈과 유명세를 얻을 수 있는 것은 아니다. 그러나 출판의 기회는 누구에게나 열려 있다. 의지가 있다면 출판의 가능성은 100퍼센트라고 확신한다. 기획출판이 아닌 자비출판은 돈이 있다면 얼마든지 가능하다. 게다가 전자출판은 출판의 진입 장벽을 아주 낮게 만들었다.

중요한 것은 출판에 임하는 당신의 태도이다. 꾸준히 전략을 세우고 새로운 기획에 관심을 갖는다면 좋은 책을 낼 수 있을 것이며, 그 책이 새로운 길로 당신을 인도할 것이다. ISBN 갖기에 한번 도전해보라. 두려움 따위는 접어두라. 당신 곁에는 언제나, 1인1책 파트너 김준호가 있지 않은가.

당신의 성공과 행복을 위해
1인1책에 도전하라

출판기획자란 책을 권유하는 직업이다. 주변 사람들에게 책쓰기를 제안하면 우호적인 반응도 있지만 도망부터 치려는 사람들도 적지 않다. 물론 책쓰기가 그리 쉬운 일은 아니다. 그런데 출판기획자로서 저자들이 책을 쓰는 과정을 관찰하면서 알게 된 것이 있다. 책을 준비하는 시간 동안 그들이 아주 행복해 한다는 사실이다.

2015년 초 '세상을 바꾸는 시간 15분(세바시)'의 제주 컨퍼런스에 참여한 바 있다. 제주공항에 내려 세바시 강연 현장으로 가는 교통편을 알아보다가 컨퍼런스에 참여하는 한 여자분이 카풀을 제안해 몇 명의 참여자와 함께 자가용을 타고 이동했다. 친절을 베푼 여자분과 이야기하면서 출판기획자임을 밝히자 자신도 책을 준비하고 있다며 반색했다. 현직 여경찰인

박보라 저자였다. 서울로 돌아와 박보라 저자와 1인1책 일대일 코칭이 시작됐다. 함께 기획서를 만들고 코칭을 받는 박 저자의 표정이 너무 밝았다.

"뭐가 그리 좋으세요?"

"네. 제가 오랫동안 꿈꿔온 안전과 범죄에 관한 주제로 책을 준비한다는 것이 너무 좋아요."

필자와 함께 목차를 잡고 집필계획안도 만들었다. 박 저자는 중간에 출산 준비를 하면서도 책쓰기를 놓치지 않았다. 그 결과 2016년 1월 〈위기탈출 112〉(박보라 지음/투리북스)가 나왔다. 물리적으로는 힘이 든다 하더라도 생각만 해도 행복해지는 1인1책이다.

이 책은 엄마들에게 아이가 성장하면서 일어날 수 있는 다양한 범죄 및 안전사고에 관한 대책을 제시한다. 〈위기탈출 112〉의 저자는 현직 여경이다. 경찰의 여러 부서에서 경험한 사례와 노하우를 담아 엄마의 시각에서 친근하게 다가가는 내용을 담았다.

『위기탈출 112』 박보라 지음 | 투리북스

장애인도 가능한 책쓰기

필자가 근무하는 1인1책 사무실에는 '당신이 곧 콘텐츠입니다'라는 캐치프레이즈가 걸려 있다. 모든 사람은 각자의 고유한 콘텐츠를 갖고 있다. 장애인도 예외는 아니다. 우연인지 모르겠으나 그동안 몇몇 장애인 저자를 만나 책을 펴낸 바 있다. 혹자는 필자를 '장애인 전문 출판기획자'라는 별

칭으로 불러 주곤 했다.

　청각장애인 노선영 작가. 서른 살 정도의 젊고 아름다운 이 여인은 태어날 때부터 청각 장애가 있었다. 장애를 갖고 살아온 아동 및 청소년 시절의 아픔은 매우 컸다. 하지만 노 작가는 10대 후반 자신에게 주어진 환경을 인정하고, 장애를 딛고 다양한 분야에 도전하기 시작했다. 국토대장정, 다보스포럼 등 비장애인에게도 쉽지 않은 영역에 참여해 성과를 냈다. 이 이야기는 〈보이는 소리 들리는 마음〉(노선영 지음/가교출판)이라는 제목으로 출간되었다.

　이 책을 기획하기 전까지 필자는 청각 장애에 대해 무지했다. 그런데 노 작가와 자주 만나 기획을 의논하다보니 청각 장애에 대한 이해가 생겼다. 간단한 수화를 배우는 것은 덤이었다. 그러다보니 자연스럽게 장애인 저자에 대한 관심이 높아졌다.

　최근에는 2015년 초에 1급 시각 장애인 판정을 받은 양일용 교수와 〈아빠 음악이 뭐예요〉(양일용 외 1인 지음/예문당)를 펴냈다. 청소년을 겨냥한 교양서로, 아빠와 딸 사이에 오가는 음악에 대한 소통과 지식을 담았다. 음악을 전공한 양 교수는 시각을 잃은 독거노인이었지만 자신이 갖고 있는 음악 지식을 후대에 남길 수 있다는 기쁨에 책쓰기에 도전했다. 구술하고 그것을 기초로 전문작가가 살을 붙이는 길고 복잡한 작업을 기꺼이 해 낸 것이었다.

　장애인을 만나서 책을 기획하고 진행하는 일이 쉽지만은 않았다. 청각, 시각을 잃은 분들과 기획을 논하고, 진행하는 일이 버겁기도 했다. 하지만 그 분들이 갖고 있는 콘텐츠의 질을 따져 볼 때 비장애인과 비교해서 결코 떨어지지 않았다. 오히려 그들이 지니고 있는 장애라는 어려움이 그들의 가치를 더욱 빛내 주었다.

CBS 강연프로그램 세바시(세상을 바꾸는 시간, 15분)에서 '도전하는 열정에 장애는 없다'라는 주제로 강연하여 많은 사람들에게 감동을 준 노선영 작가. 그녀의 첫 책 〈보이는 소리 들리는 마음〉은 장애에 상관없이 도전하는 열정의 이야기를 담고 있다.

『보이는 소리 들리는 마음』 노선영 지음 | 가교출판

비즈니스 분야에서도 성공하려면 책쓰기가 필요

무일푼으로 1년여 동안 오징어 트럭 행상을 따라다니며 장사를 배우다 독립해 과일 야채 트럭 행상을 시작한 사람이 있다. 그리고 5년 후 트럭 행상으로 번 돈을 모아 서울에 18평짜리 야채가게 '젊음 이곳에… 자연의 모든 것'(일명 '총각네 야채가게')을 개업했다. 그리고 장사라는 꿈에 대한 열정과 탁월한 마케팅 능력을 발휘해 총각네 야채가게를 대한민국에서 평당 최고 매출을 올리는 가게로 성장시켰다. 이 총각이 바로 총각네 야채가게 이영석 사장이다. 그는 지금도 여전히 매일 행복한 야채장수를 꿈꾸며 싱싱하게 살아가고 있다.

이영석 작가의 성공은 출판과 깊은 관계가 있다. 대치동 은마 아파트 뒤편에서 총각네 야채가게를 열며, 한창 뜨겁게 장사를 하던 중에 경영 전문

작가인 김영한씨가 찾아왔다. 신문 기사에 난 이영석 사장의 이야기를 보고 찾아가 총각네 야채가게의 스토리를 책으로 엮어보자고 제안했다. 제안에 응하여 책을 출간한 결과 베스트셀러라는 영광을 안았다. 총각네 야채가게 이영석 사장은 일과 직장에 관한 새로운 개념을 제시하며 젊은이들의 롤모델로 자리잡게 됐다.

비즈니스 종사자들의 가장 큰 고민 중의 하나는 마케팅일 것이다. 과거 단순했던 마케팅 기법은 최근 복잡하고 다양해졌다. 온라인 마케팅에서 모바일 마케팅 기법에 이르기까지 최첨단의 방법이 나타나고 있다. 그런데 출판이야말로 가장 강력한 마케팅 수단이다.

부동산 비즈니스 분야의 양철승 소장도 출판을 비즈니스로 활용하고 있는 예이다. 부동산 닥터라는 닉네임을 갖고 있는 양철승 소장(부동산가치투자연구소)은 필자와 함께 부동산 투자 관련 책을 많이 기획해 저술하고 있다. 양 소장은 부동산 방송에 출연하면서 대중들이 어떤 부동산 정보에 목말라 하는지를 잘 알 수 있었다. 이러한 정보와 부동산 투자에 관한 안목을 출판기획으로 잘 풀어내〈100세 시대 부동산 은퇴설계〉(양철승 외 3인 지음/나눔북스),〈미래주거문화 대혁명〉(양철승 지음/나눔북스)을 출간했다. 양 소장은 부동산 비즈니스와 출판을 접목해 더 많은 부가가치를 창조하고 있다.

'한국인은 자신의 재산 100% 중 80%를 부동산으로 갖고 있다. 재산의 대부분이 부동산이다 보니 부동산의 리모델링, 수익형 여부가 은퇴를 설계하는 이들에게는 가장 큰 관심사임이 분명하다. 이들에게 가장 필요한 것은 개인에게 맞는 맞춤형 포트폴리오를 가지는 것과 지속가능한 부동산 은퇴설계를 구체화하여 실행하는 것이다. 부동산 관점에서 은퇴설계를 풀어낸 책이다.

『100세 시대 부동산 은퇴설계』 양철승 외 3인 지음 | 나눔북스

우리 사회는 저성장, 저효율의 어려운 시기를 보내고 있다. 날마다 눈 뜨면 신나는 일이 없는 암울한 소식이 뉴스를 도배된다. 책쓰기는 이 어려운 시기에 청량감과 행복감을 주는 인생의 터닝포인트가 될 수 있다. 또한 성공을 가져올 수 있는 강력한 무기가 되어 줄 것이다.

무명강사에서 3억 연봉 스타강사된 심윤섭 저자

1년에 250여회에 이르는 강연. 1~2권씩 단행본 집필, 20여회 이상의 칼럼을 쓰는 대한민국 1% 명강사 심윤섭 저자가 있다. 그가 1인1책으로 시작해 명강사가 되는 과정을 소개하고자 한다.

어느날 심 저자는 필자에게 회사생활과 창업과정에서 경험한 경영의 원리와 CEO가 가져야 할 품성을 다룬 원고를 들고 왔다. 함께 기획하며 제목도 수정하여 책을 출간했고, 책을 내면서 큰 자신감을 얻어서인지 출간 후 바로 잘 다니던 직장을 그만두었다.

경영 컨설턴트로서 기업과 CEO에게 강연을 하고 집필하는 일을 하기 시작했다. 처음 인세는 미비했고 강연하러 와달라고 부르는 곳도 없어서 직접 강연처를 찾아다녔다. 프로필을 자세하게 담은 책을 제본해 전국교육기관에 뿌리고. 이름을 적은 판촉물 볼펜을 교육 담당자에게 보내기도 했다.

강연 연습도 충실하게 했다. 명강사들의 오디오북을 수십개씩 사서 밤새도록 듣고 따라 했다. TV 강연도 계속 들으면서 연구했다. 성심껏 노력한 결과 정부기관, 대기업 등에서 강연 요청이 점점 늘어나 지금은 1년에 250여회 이상의 강연을 소화하고 있다.

집필 작업도 소홀히 하지 않았다. 한 권의 책을 쓰려면 100권의 책을 읽어야 한다는 생각을 실천하며 다독을 했다. 한 권의 책을 네 번을 읽는데, 세 번은 정독을 하고 마지막에는 정리노트에 핵심 내용을 필기해 가며 차근차근 읽었다. 필기 내용은 당연히 집필과 강연에 활용됐다.

강연처로 이동하는 차 안이나 휴게소에서는 레코더를 활용해 아이디어를 수시로 녹음했다. 그때그때 기록하는 좋은 습관을 갖고 있었다.

집필은 강연이 없는 12시에서 새벽 3시에 주로 했다. 이처럼 여유로운 처지가 아님에도 〈CEO의 거짓말〉(팜파스), 〈행복 이노베이션〉(동아일보), 〈능통의 힘〉(북포스), 〈아빠, 경영학이 뭐예요?〉(예문당), 〈기꺼이 따르는 힘 팔로우십〉(시간여행) 등의 책을 꾸준하게 펴내고 있다. 강사에게 저서는 꽤 유력한 이력서가 되기 때문이다.

행복한 일터라는 주제로 직원에게는 강연을 하고, 경영진에게는 개인코치를 하며 '행복한 일터 상담자'의 역할에 주력할 계획이다.

📖 책쓰기 프로세스를 이해하라

최근 1인 1책에 대한 관심이 높아지면서 책쓰기 강의 요청을 자주 받는다. 얼마 전 수원시 초대로 간 1인 1책 강의에서 초반에 한 청중으로부터 질문을 받았다.

"책이 나오기까지의 프로세스를 알려주세요."

본격적인 강의를 시작하려는 참에 받은 질문이라 세세하게 대답해 주었다. 책을 한번 써보려는 사람들에게 큰 관심 분야가 책쓰기 프로세스이다.

1단계 ┈▶ 출판전략을 세우자

책쓰기를 결심했다면 출판전략을 세워야 한다. 전략이란 원래 군대에서 사용하던 군사용어다. 전략은 전쟁에서 승리하기 위한 절묘한 군사작전으로 삼국지에서 제갈공명이 수행했던 수많은 작전계획을 떠올리면 된다. 현대에 이르러 전략은 경쟁에서 이기기 위한 총체적인 계획이라 할 수 있다. 비즈니스 분야는 물론이고, 직장생활, 대학생활, 사회생활, 일상에서도 전략이라는 용어가 보편적으로 쓰인다. 그만큼 중요한 개념이 됐다.

책쓰기에도 전략이 필요하다. 책을 쓰고 출판을 하기 위한 기본적인 전략이 필요한데, 기획출판으로 갈 것인지, 자비출판으로 갈 것인지를 판단해야 한다. 기획출판은 책을 기획하고 견본원고를 만들어서 출판사의 문을 두드려야 하는 일이다. 출판사가 당신의 기획서와 견본원고를 보고 다른 책과 차별화되고, 상업적으로도 성공 가능성이 있어 보이면 채택할 가능성이 높아진다. 반면 자비출판은 출판제작비용을 저자가 지불하기에 기획과 원고의 수준에 대한 고민에서 자유로울 수 있다. 필자가 기획했던 책의 90퍼센트 이상은 기획출판이었다. 만나는 대부분의 예비저자는 기획출판을 원하는데 이때 차별화된 기획과 퀄리티 높은 원고는 필수이다.

출판의 기본적인 개념이 잡혔다면 그 다음엔 출판성공의 세 가지 요인에 대한 전략을 수립하는 과정이 필요하다. 첫 번째, 출판기획을 잘 잡는 전략, 두 번째, 원고쓰기에 대한 전략, 세 번째, 홍보에 대한 전략이다. 이 세 가지에 대한 대책을 마련하고 본격적인 기획에 들어가야 한다.

2단계 ⋯ 기획이 성패를 좌우 한다

전략을 세웠다면 구체적인 기획에 들어가야 한다. 책은 기획에서 시작해서 기획으로 끝난다고 보면 된다. 그만큼 기획은 중요하다. 책의 큰 그림을 그리기 위해서는 가슴으로 뛰는 당신의 열정이 뒷받침돼야 한다. 착상이 있어야 한다. 책쓰기는 마라톤과 같다. 달리기에 도전하는 마라토너가 왜 이러한 고통스런 과정을 거치는 마라톤에 도전해야 하는 지에 대한 분명한 목표의식이 없다면 중도에 낙오될 수밖에 없을 것이다.

착상이 떠오른다면 당신이 쓸 책의 독자는 누구인가를 고민해보고, 경쟁도서를 찾아보아야 한다. 그러한 구상을 글로 옮겨 적는 것이 집필계획서이다. 이 안에는 당신이 쓸 책의 가제목과 콘셉트, 기획의도와 목차 등을 세세하게 적을 필요가 있다. 책을 여러 번 쓴 저자들은 기획단계에서 몇 발자국 앞서가기도 한다. 기획서에 세부적인 원고구성 방법, 원고 매뉴얼, 원고작성 지침까지 만들기도 하는데, 이러한 구체성을 출판사는 좋아한다.

3단계 ┅┅▶ 출판사 섭외 및 계약

집필계획서와 견본원고가 준비됐다면 출판사를 찾아야 한다. 원래부터 출판사가 무명저자를 찾는 일은 전설로 회자된다. 무명저자에게 출판을 권하는 출판사는 정말 드물다. 당신이 먼저 찾아 나서야 한다. 여기저기에 원고를 많이만 보낸다고 좋은 것이 아니다. 수많은 집필계획서와 견본원고가 출판사 편집자 컴퓨터에 탑재된 휴지통으로 읽혀지지도 않은 채 버려진다. 당신이 출판하려는 책과 유사한 종류의 책을 많이 내고 있는 출판사를 먼저 찾아라. 시간을 절약하고 더 효과적인 방법을 찾으려면 유능한 출판 에이전트를 찾아, 그 사람들이 적합한 출판사를 찾도록 의뢰할 수도 있다.

명심할 것이 있다. 출판사와 저자의 관계는 남녀의 결혼에 비유할 수 있다. 저자가 되려는 당신도 출판사의 조건을 따지지만 상대방인 출판사도 당신의 조건을 아주 세심하게 따진다. 역지사지의 마음으로 출판사를 대하라.

10년 동안 출판 에이전트를 하면서 느낀 점은 무조건 대형출판사가 능사는 아니라는 점이었다. 출판사 선택의 기준은 먼저 편집능력이다. 당신의 원고를 책으로 어떻게 엮느냐에 따라 콘텐츠의 운명이 결정되기도 한다. 두 번째는 마케팅 능력이다. 아무리 책의 내용이 좋아도 독자들에게 알려지지 않는다면 출간의 시너지가 생길 수 없다. 마지막으로 투명성이다. 출판계약에서부터 편집과 제작 과정, 인세지급에 이르기까지 투명한 일처리 방식이 출판사를 선택할 기준이 된다. 출판계약을 할 때, 인세요율과 원고마감 후 제작일정, 인세지급 시기 등을 챙겨야 한다.

4단계 ⋯⋮⋅ 원고쓰기 과정

본격적인 원고쓰기에 들어가면 42.195 킬로미터의 마라톤 도전에 비견할 인내가 필요하다. 하루에 2시간 이상은 원고쓰기에 매진해야 원고분량을 달성할 수 있다. 각종 정보와 자료수집에도 만전을 기해야 한다. 각종 메모와 녹음, 인터넷 검색, 경쟁도서 분석 등 콘텐츠를 모으는 과정이 산더미이다. 원고쓰기에 열중한 나머지 남의 저작을 베끼는 몰염치는 특히 주의해야 한다.

5단계 ⋯⋯ 편집 제작 단계

출판사 편집자와 파트너가 돼라. 당신의 마라톤 여정에 물과 수건을 건네줄 사람이다. 관계가 좋아지려면 출판사 입장에 서서 역지사지의 마음을 가지면 된다. 출판사에 내지와 표지 디자인의 시안을 요구해 저자로서 의견도 제시하고 함께 책을 만들어라.

6단계 ⋯⋯ 홍보에 목숨 걸라

책 홍보는 출판사만 하는 것이 아니다. 저자가 자신의 이마에 포스터를 붙일 요량으로 적극적으로 임해야 한다. 요즘은 스마트 세상이다. 손바닥 기기인 스마트폰을 갖고 SNS의 바다로 뛰어들어라. 출간 전에 자신의 홍보 플랫폼을 만들어 출간 이후 홍보전쟁에서 승리하라. 무료강의라도 주도적으로 나서서 강사의 세계로 나아가야 홍보 능력을 갖춘 저자가 될 수 있다.

원소스 멀티매체를 개발하라

책의 저자가 된다는 것은 해당 분야의 전문가가 된다는 뜻이기도 하다. 그 콘텐츠가 비단 책이어야만 하는 것은 아니다. 이 책을 집필하는 필자의 경우도 책을 집필하는 것과 강의안을 함께 작업하고 있다. 물론 테마는 1인1책이다. 강의안의 경우 단체나 기관 등에 제출할 내용인데 많게는 100시간이 넘는 분량을 준비한다. 원소스인 1인1책을 갖고 종이책, 특강, 100시간짜리 강의안 등을 만드는 과정을 필자는 원소스 멀티매체 전략이라고 부른다. 누구나 이러한 전략으로 임하면 다양한 성과물을 낼 수 있다.

웹툰에서 출발해 2차적 저작물이 폭발적인 반응을 나타내는 사례는 많다. 〈미생〉의 경우 원래 웹툰 만화였다. 웹툰에서 인기를 끌었던 〈미생〉은 책으로 출판돼 독자들의 사랑을 받았고, 얼마 전 드라마로 정점을 찍었다. 〈미생〉의 드라마 인기는 원작 웹툰 다시 보기를 불러오고 드라마 특별 편과 웹툰 2기 〈미생〉 시즌 2로 이어지고 있다. 기존 1년 동안 90만 부 팔렸던 〈미생〉의 단행본은 200만 부를 넘어섰다.

얼마 전 뮤지컬 〈노트르담 드 파리〉 오리지널 내한공연을 보았다. 현란한 안무와 프랑스 배우들의 노래실력, 웅장한 무대가 인상적이었다. 그런데 필자는 공연 내내 이 작품의 원작 소설을 쓴 빅토르 위고의 사상과 타고난 스토리텔링 능력에 감탄했다. 그의 원작인 뮤지컬 영화 〈레미제라블〉에서도 감동과 더불어 원작의 깊이에 감탄한 바 있었다. 영화와 뮤지컬을 보면서 민중들의 저항을 실감나게 이야기로 풀었던 원작을 다시 읽고 싶은 욕구가 솟구쳤다. 이렇게 멀티매체는 원작 홍보의 전략이 된다.

다양한 문화 콘텐츠, 영화, 연극, 뮤지컬 등 이루 셀 수 없는 저작물이 나온다. 그중에서도 가장 기본이 글, 스토리텔링이다. 새삼 출판의 강력함을 느낀다. 원소스는 글이다.

전자책에 주목해야

전자책의 부상도 주목해야 한다. 종종 출판사로부터 기존에 계약했던 출판물 설정 계약서 내용 중 전자책 조항을 추가해 달라는 부탁을 받곤 한다. 거래 출판사가 전자책 출판을 본격화 하면서 법적인 조치를 취하는 것이다. 또 다른 출판사에서는 앱북을 만들기 위해서 종이책 콘텐츠를 몇 개로 분절하는 내용으로 새로운 공중송신권 계약서를 보내왔다.

이처럼 전자책을 제작하기 위해 저자와의 세세한 계약관계를 정비하려는 출판사의 움직임을 보면서 전자책 시대가 더욱 성큼 다가선 것을 피부로 느낀다.

한편에서는 종이책의 존재감이 사그러들지 않을 것이라는 대전제에서 전자책을 바라봐야 한다는 소극적인 입장도 개진되고 있지만 전자책이 대세라면 보다 적극적으로 대비해야 한다는 목소리가 더 압도적이다. 몇 년 전에는 국내 300여개 출판사를 협력사로 하는 한국출판콘텐츠(KPC)가 설립돼 '출판계의 전자책 출시 본격화 선언'을 했고 전자책 출간도 비약적으로 늘어났다.

전자책 성공사례

미국의 전자책 성공사례를 살펴보자. 〈울〉(WOOL)이라는 소설은 원래 휴 하위라는 저자가 셀프 출판서비스인 킨들 다이렉트 퍼블리싱(Kindle Direct Publishing) 플랫폼을 통해 〈울〉이라는 제목의 단편을 1달러짜리로 발표했다. 그런데 이 책이 몇 개월 뒤 입소문만으로 아마존 킨들 1위에 등극했다. 재미있는 사실은 휴 하위가 사이먼&슈스터 출판사와 종이책 시리즈 계약을 맺으면서 전자책 계약은 거절했다는 것이다. 아마존을 통하면 자기가 70퍼센트의 수익을 가져갈 수 있는데 출판사를 통하면 훨씬 낮은 수준의 인세만을 받을 수 있기 때문이다.

국내 성공사례를 찾는다면, 종이책보다 전자책으로 성공한 〈나는 더 영어답게 말하고 싶다〉를 들 수 있다. 이 책은 〈프랙티쿠스〉라는 1인 출판사에서 출간됐고, 대표가 직접 책을 집필했는데 기존 영어회화책과는 다르게 영어권에서 사용하는 살아있는 표현이 실려 있다는 독자들의 긍정적인 평가를 받았다. 2016년 1월 현재 리디북스 전체 스테디셀러에서 16위를 차지하고 있다. 1인 출판사임에도 다양한 음성 파일을 꾸준히 제공하면서 고정팬을 확보해가고 있다.

전자책 기획 중요해져

앞으로는 새로운 전자책 콘텐츠를 만드는 것도 중요하지만 기존의 콘텐츠를 새로운 형태로 재가공하는 과정을 총괄하는 기획의 역할이 더 중요해질 것이다. 종이책보다는 전자책의 저자되기가 쉬운 것은 사실이다. 하지만 편집, 유통, 전체를 아우르는 기획편집력이 뒷받침돼야 전자책의 질적인 향상을 도모할 수 있다.

〈전자책 시대, 저자는 어떻게 탄생하는가〉(도서출판 에밀)의 이동준 저자는 앞으로의 전자책은 '적은 분량'과 '콤팩트한 기획' 형식을 갖추는 것이 효과적이라고 강조한다. 잡지의 기획기사나 연재기사 모음, 인터뷰 모음, 단편소설도 전자책 기획으로 가능하다는 것. 이처럼 전자책 분야에서도 기획이 더 중요하게 대두된다.

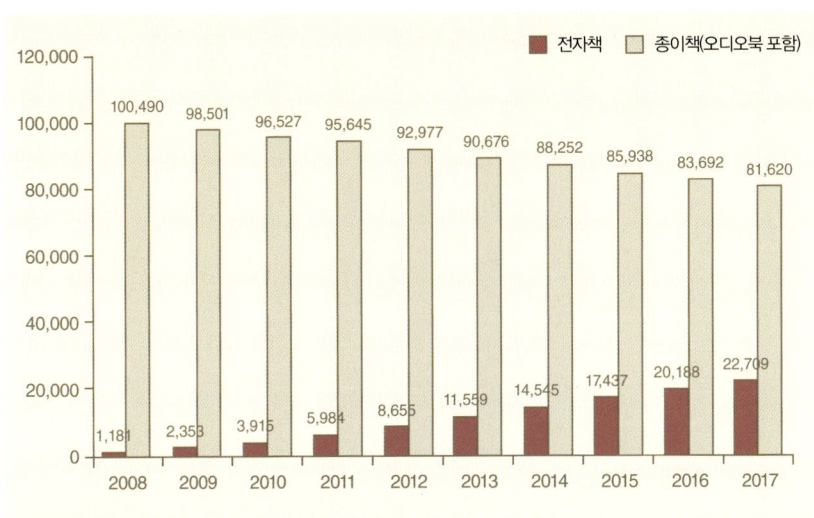

: 전 세계 도서출판 시장 규모 추이 및 전망(단위 : 백만 달러) | 출처 : PWC(2013)

1년 프로젝트에 도전하라

책쓰기를 시작한 후 바로 생기는 궁금증은 '결과물의 출판 시점'일 것이다. 필자의 첫 책은 집필기간 5개월과 출판사의 편집기간 6개월을 합쳐 11개월이 걸렸다. 이 기간은 저자마다, 출판사마다 다르다. 한국에서 베스트셀러하면 떠오르는 저술가 한비야 작가는 지금까지 펴낸 책이 10권이 안 된다. 출판횟수는 적지만 누적 판매부수는 그 누구보다도 많다. 또 한비야의 브랜드 가치는 다작을 한 사람보다 더 크다.

반면 다작으로 유명한 공병호 작가는 지금까지 100권이 넘는 책을 집필했다. 산술적으로 정확히 비교할 수 없지만 공병호 작가가 한비야 작가보다 열배 이상은 책을 저술했다는 계산이 나온다. 암튼 다작을 하든, 적게 쓰든 이 두 사람은 비소설 분야에서 내로라하는 작가이며 출판사의 인기 순

위 높은 저자임에는 틀림없다.

출판 시간에 관한 재밌는 데이터베이스

기획출판하면서 출판 시간에 관한 재밌는 데이터베이스가 쌓였다. 저자와 출판사의 상호간 작업 일정에 대한 입장이 다르다는 이야기이다. 저자의 경우 집필 기간을 3개월에서 6개월로 잡는다. 실제로 출판계약서를 작성할 때도 적게는 3개월, 많게는 6개월 정도를 잡는다. 그 이하로 잡으면 왠지 원고의 질이 낮아질 듯하고, 6개월 이상으로 잡으면 출판사, 편집자의 눈이 찌푸려진다.

반면 출판사의 경우 관행적으로 원고를 받은 후 편집과 인쇄 일정을 보통 1년 이내로 잡는다. 이보다 훨씬 빨리 출판되기도 한다. 가령 야권 대통령 후보 중 한 사람이었던 안철수의 〈안철수의 생각〉이란 책은 원고마감 이후 2주 만에 책이 나왔다. 관례적으로 출판계약서상에 저자의 원고마감 후 1년 안에 출판사가 책을 내는 것으로 표기돼 있다.

3개월이 걸리는 저술 기간

저자의 저술 기간은 기획에 따라, 집필자의 능력에 따라 가변적이다. 여기서는 일반적인 상황을 고려해 저술 기간을 따져보자. 한 책의 소제목(이른바 꼭지)의 분량은 A4 용지 한 장에서 많게는 3장 정도이다. 이 소제목 40개에서 50개 정도가 모여 한 권의 분량이 된다. 이 한 꼭지를 하루마다 쓴다고 가정하면 40일에서 50일이면 된다. 약 두 달 가까이 쓴다면 한 권을 쓸 수 있다. 여기서 간과한 일정이 나온다. 책을 쓰기 전에 책의 얼개를 먼저 짜야 한다. 앞서 출판 프로세스에서 출판전략과 기획을 소개했는데, 이 얼개를 짜는데 대략 한 달 내외가 걸린다.

그렇게 본다면 책의 전략과 기획 일정 1개월과 집필기간 2개월을 합쳐 3개월이 걸린다. 물론 이 기간도 전업작가가 아닌 저자가 일정관리를 빠듯하게 했을 때 가능하다. 여러 가지 일을 겸하면서 책을 쓰는 저자들은 시간이 더 걸릴 수도 있다.

출판사의 편집 일정 보통 2달 걸려

원고를 마감하면 출판사에서 편집을 시작한다. 편집자는 원고를 읽으면서 내용이 전체 책의 콘셉트에 잘 부합하는지를 판단하고 교정, 교열한다. 정석대로 한다면 텍스트 교정부터 들어가 1교(1차 교정), 2교(2차 교정), 3교(3차 교정)까지 꽤 긴 시간이 걸린다. 빠르면 한 달, 보통은 2개월 이상, 늦은 출판사는 더 시간이 걸린다.

10분 글쓰기의 놀라운 현상

앞서 3개월 정도에 책 한 권을 쓰려면 매우 빠듯하다고 이야기 한 바 있다. 하루에 쓰는 원고의 양을 고민하는 예비저자들이 많다. 그들은 글쓰기의 어려움을 토로한다. 이런 분들을 위해 1인1책에서는 대한민국에서 250권으로 가장 많은 책을 낸 고정욱의 글쓰기 프로그램을 운영하고 있다. 한번은 글쓰기 교육 때 고정욱 작가가 10분 글쓰기를 제안했다. 모두 한숨을

쉬고 걱정했지만, 놀랍게도 이 10분 동안 교육생들이 A4 용지 한 장에 가까운 분량의 글을 모두 써냈다. 우리는 글을 써 본 경험이 없을 뿐이지 막상 시도해보면 누구든지 할 수 있다. 시작을 못하게 만드는 막연한 두려움이 문제다. 시작을 하면 결과물이 나온다.

저술은 짧게는 3개월에서 6개월 이상 걸린다. 여기에 적어도 1개월 이상 걸리는 출판사 섭외, 2개월 이상의 편집 기간이 더해지면 1년 가까운 시간이 흘러간다. 1년 프로젝트라는 용어가 나온 배경이다. 물론 당신이 빠른 속도로 완성도 높은 원고를 마감하고, 출판사 편집이 일사천리로 이뤄진다면 그 시간은 당길 수 있다.

참고로 1인1책 고정욱의 글쓰기 프로그램은 상시 수강생을 모집하고 있다. 저자가 되기 위한 예비작가 양성에 필자는 투자를 아끼지 않고 있으니, 과감히 문의하기 바란다.

: 1인1책 글쓰기교실

📖 맞춤형으로 기획하라

사람들은 스타일에 관심이 많다. 패션에서부터 헤어까지 자신의 전반적인 분위기를 표출하여 '저 사람, 스타일 참 좋네.'라는 평을 듣고 싶어한다. 스타일로 주변인들에게 자신만의 매력과 개성을 드러낼 수 있기 때문이다.

책쓰기도 마찬가지다. 누구나 고유한 각자의 스토리가 있다. 살아온 인생의 굴곡이 다르고 성격, 한마디로 캐릭터가 다르다. 종사하는 일도 다르고 같은 분야에서도 전문성이 차별화된다. 당연히 각자의 매력과 개성이 넘치는 수많은 스타일의 책쓰기가 가능하다.

자신에게 맞는 옷을 입어라

책쓰기 시도도 여러 번 했고 고민도 많이 했다는 사람 중에는 의외로 자신의 처지와 개성을 놓치는 경우가 많다. 출판의 흐름에 관심이 높은 것은 괜찮지만 각자 고유의 콘텐츠에 맞는 출판기획이 필요하다. 이를 맞춤형 기획이라고 본다.

자기계발서가 범람하고 있다. 우후죽순 나오다보니 한창 자기계발을 해야 할 사람이 자기계발서를 쓴다는 조소도 받는다. 자기계발에도 뚜렷한 무기가 있어야 한다. 이를 킬러 콘텐츠라고 부르기도 하는데, 강력한 콘텐츠 없이 자기계발서에 도전한다면 백전백패 한다.

어설픈 자기계발서에 도전할 것이 아니라 차라리 다른 분야, 에세이로 접근해 자신의 진솔한 이야기를 가감 없이 전해주고, 감동 코드로 잡는다면 승산이 있을 수 있다. 즉 자신에게 맞는 옷을 입고 나가야 자연스런 스타일이 살듯이 자신의 이야기를 가장 효과적으로 전개할 딱 맞는 스토리텔링 방식을 찾으라는 말이다.

실용서

출판계에서 실용서는 꾸준한 판매량을 담보한다. 컴퓨터 길라잡이류나 몸매관리, 요리방법 등 실무적인 기술이나 아이디어 등에 관한 지식과 정보를 제시한다. 필자는 〈누구나 10kg 뺄 수 있다〉(유태우 지음/삼성출판사)를 보고, 13킬로그램을 뺀 적이 있다. 저자의 주장대로 하루에 먹는 양을 반으로 줄여서 성공했다. 필자가 기획한 책 〈화장품의 50가지 거짓말〉(이나

경/북하우스)이 있다. 2009년 즈음 화장품에 납 성분이 첨가되어 큰 사회문제가 된 적이 있는데, 화장품의 허와 실을 짚은 이 책은 실용성과 이슈에 힘입어 3쇄까지 무난하게 찍었다. 그밖에 밥 관련 창업에 관한 스킬을 다룬 〈밥장사 클리닉〉(이경태 지음/이콘), 보컬 트레이닝 방법을 제시한 〈김명기의 보컬 트레이닝〉(김명기 지음/글로벌콘텐츠) 등을 기획했다.

이처럼 독자에게 실용적인 정보를 주는 책은 분명 니즈가 있다. 꾸준하게 사랑받는 책을 쓰기 위해서는 자신만의 실용적인 체험과 지식이 있어야 한다.

화장품은 종류나 제품이 다양한 만큼 그에 대한 이야기들도 많지만 정작 온전히 신뢰할만한 정보는 찾기 힘든데, 그런 화장품에 대해 가질 수 있는 고민들을 속 시원히 해결해준다.
『화장품에 대한 50가지 거짓말』
이나경 지음 | 북하우스

자기계발서

1990년대와 2000년대 초반까지는 자기계발서의 전성시대였다. 10여 년 전 무조건 열심히 살자, 변화해라 류의 내용이 최근에는 심리, 힐링 등으로 변화되고 있다. 자기계발에 대한 특별한 개념과 실천 가능한 구체적인 매뉴얼까지 제공하는 것이 특징이다. 필자가 기획한 책은 현직의사와 함께 스트레스를 이겨내기 위한 마음 에너지를 다룬 〈로봇의 마음을 훔친 병아리〉(이동환 지음/대림북스), 창의성을 프로세스와 무대라는 독특한 관점으로 풀어낸 〈창의방정식의 비밀〉(이동조 지음/나눔북스), 프리랜서와 같은 마음과 태도로 사회생활을 풀어가라고 조언하는 〈프리랜서처럼 일하라〉(이근미 지음/쌤앤파커스) 등이 있다.

만성피로, 스트레스 클리닉 전문의가 쓴 책으로, 스트레스를 이겨나갈 수 있도록 마음의 면역을 길러준다. 생명체가 아닌 로봇조차 병아리의 간절한 마음에 이끌려 그 행로를 변경하듯이, 무한한 마음 에너지를 어떻게 내 것으로 만들 수 있는지를 소설 형식으로 재미있게 설명한다.

『로봇의 마음을 훔친 병아리』 이동환 지음 | 대림북스

체험기

체험기라고 할 수 있는 책은 자녀교육이나 육아 방식, 재테크 방식 등 저자의 체험을 통한 비법을 알려준다. 저자의 독특한 체험이 들어가 있기에 독자의 공감대를 이끌어 낼 수 있다. 다만 그 체험이 가시적인 성과가 뚜렷해야 독자의 호응을 더 이끌어 낼 수 있다. 필자가 기획한 책으로는 〈그림책육아〉(정진영/예문당)를 들 수 있다. 자녀들과 그림책을 통해 소통과 교육의 효과를 본 저자의 체험을 묶었다. 또 주식투자의 성공담과 방법을 기술한 〈부자아빠의 베이스볼 주식투자법〉(부자아빠 지음/새빛에듀넷)은 부자아빠란 닉네임을 가진 저자의 주식투자 경험과 노하우를 엮은 책인데, 필자 역시 그 방법으로 1년간 주식투자로 30퍼센트의 수익률을 얻기도 했다. 또 〈즐기

는 영어토론〉(황선영 지음/시간여행)은 디베이트 국가대표 고교생 황선영의 디베이트 체험을 다루기도 했다.

'부자아빠 증권연구소'와 온라인 회원 11만 명에 달하는 '부자아빠 주식카페'를 통해 개인 투자자들이 주식시장에서 겪는 여러 가지 문제점들과 주식투자의 대안을 제시한다. 이를 야구 경기에 비유해 쉽게 주식투자를 설명하고 있다. 주식투자의 입문서.
『부자아빠의 베이스볼 주식투자법』
부자아빠 지음 | 새빛 에듀넷

에세이

에세이는 저자가 살아온 인생을 다룬다. 물론 인생을 시간적인 기록으로 다룬 에세이라면 지루해 질 수 있다. 특정한 시기나 주제를 다뤄야 독자가 생생한 간접체험을 할 수 있다. 최근에는 에세이형이지만 타 분야 자기계발이나 비즈니스 등의 형식도 가져와 퓨전식으로 기획하기도 한다.

필자가 기획한 책 중에 〈손끝으로 세상과 소통하다〉(안효주 지음/전나무숲)가 있다. 한국의 미스터 초밥왕으로 불리는 안효주 장인을 섭외해서 만든 책으로 요리사인 그가 보는 세상과 직업정신 등을 초밥 사진과 함께 요리 에세이로 펴내 신선하다는 주위의 평가를 들었다. 아버지와 바다에 얽힌 감동적인 이야기를 수준높은 사진과 함께 실은 사진 에세이 〈아버지의 바다〉(김연용 지음/지식나무), 동물들을 키우는 팁과 수의사로서의 느낌을 잔잔하게 풀어쓴 〈아름다운 선물〉(백연 지음/도모북스) 등이 있다.

'한국의 미스터 초밥왕' 안효주 장인이 초밥이라는 프리즘을 통해 다양한 사람과의 인연, 요리로 보는 세상, CEO이면서 아직도 현장의 감각을 유지하는 직업정신 등을 휴머니즘 가득한 입담으로 구수하게 풀어낸 요리와 인생 이야기.

『손끝으로 세상과 소통하다』
안효주 지음 | 전나무숲

멘토링

자신만의 커리어를 갖고 있는 사람이 그 경험을 토대로 독자들에게 지침이나 방법을 전수하는 책이다. 분야별로 한발 앞서서 멘토로서의 위상이 돋보여야 독자를 이끌어 낼 수 있다. 필자가 기획한 책 중에 〈우리교육 100문100답〉(이범 지음/다산북스)이 있다. 교육 분야의 전문가인 이범 선생님이 한국교육의 문제점을 해결할 방법과 학부모를 위해 실용적인 공부법을 제시하여 독자들의 반응이 좋았다. 그밖에는 강남 부자들의 어드바이저로 통하는 여운봉의 〈미래형 부자들〉(여운봉 지음/청년정신), 부동산 닥터 양철승 소장이 쓴 은퇴자의 부동산 관리에 대한 팁을 알려주는 〈100세 시대 부동산 은퇴설계〉(양철승 외3인 지음/나눔북스), 직장인들의 소통과 회사와의 접점을 소개한 〈행복 이노베이션〉(심윤섭 지음/동아일보사) 등이 있다.

대한민국 교육평론가 이범이 제시하는 한국교육의 문제점 해결제시와 더불어 학부모를 위한 실용적인 내용으로 제시한 교육실용서.

『우리교육 100문 100답』 이범 지음 | 다산북스

지속가능성으로 책을 써라

필자는 강원도 인제군 한 시골 마을에서 어린 시절을 보냈다. 한번은 고구마 밭을 지나다가 줄기를 잡아당겼는데 고구마가 줄줄이 딸려 나왔다. 장난으로 시작한 일이 농사를 망치는 몹쓸 짓이 된 것을 보고 '멘붕'에 빠졌다. 지금은 웃지만 어린 나이에 무척 당황하여 어쩔 줄 몰라 했다.

고구마 줄기를 당기면 여러 개의 고구마가 주렁주렁 딸려 나오듯이 하나의 기획은 다양한 책으로 파생된다. 필자 역시 출판관계자를 대상으로 출판기획을 다루었던 전작, 〈모든 책들의 기획노트〉(김준호 지음/투데이북스)가 시초가 되어 지금의 원고를 집필하고 있다. 〈1인1책 베스트셀러에 도전하라〉(김준호 지음/나눔북스)가 줄기에 딸려나온 다른 고구마인 셈이다. 앞으로도 처음 책에서 기획했던 내용과 연결된 고구마들을 지속적으로 캐낼 예정이다.

학습법 분야에서 12권의 작업

2000년대 초반 〈한국고교신문〉의 편집장 시절을 보냈다. 당시 필진과 취재원을 발굴하다가 이지은 저자를 만났다. 노트필기를 학습법으로 연계한 책쓰기를 권유해 〈노트 한권으로 대학가기〉(이지은 지음/뜨인돌)가 나왔다. 이지은 저자는 필력도 있고 교육 분야 회사에서 근무한 경험이 있어서 학습법 관련 기획을 잘 소화해 냈다. 연이어서 〈아이가 초등 5학년이면 부모는 중학생활을 준비하라〉(이지은 외 2인 지음/글담), 〈통공부법〉(이지은 지음/팜파스), 〈전교 1등 어린이 노트법〉(이지은 지음/뜨인돌어린이), 〈중학생 공부고민 상담실〉(이지은 지음/부키), 〈중학교에서 완성하는 자기주도학습법〉(이지은 지음/팜파스), 〈대학생활 매뉴얼 A+〉(이지은 지음/한겨레에듀), 〈초등 4학년부터 시작하는 자기주도학습법〉(이지은 지음/팜파스), 〈마법 고양이 초코와 신비의 공부비법〉(이지은 외 1인 지음/팜파스), 〈나도 잘하고 싶다구〉(이지은 지음/팜파스), 〈중1부터 통하는 통 공부법〉(이지은 지음/팜파스), 〈우리반 전교1등의 24시〉(이지은 지음/명진출판) 등 12권에 달하는 연관 도서들을 출간했다. 출판사는 달라도 기획자와 필자는 동일했다.

한 사람이 한 분야에서 10권이 넘는 책을 썼다. 이 책 중 〈중학교에서 완성하는 자기주도학습법〉은 자기주도학습이라는 키워드를 주도하며 학습법 분야 초베스트셀러에 오르기도 했다. 한 가지를 깊게 파고들어 끊임없이 솟아나오는 지속가능한 분야를 찾아라.

자기주도학습법이 대세인 지금, '중학생들을 위한 자기주도학습법'을 소개한 책. 초등학교와는 공부환경이 현저히 다른 중학교 시절 무엇을 어떻게 공부하고, 나만의 공부습관을 잡아가야 하는지 학습컨설팅 전문가가 수많은 중학생들의 상담사례와 고민을 모아 엮었다.

『중학교에서 완성하는 자기주도학습법』 이지은 지음 | 팜파스

고구마 줄기로 뻗은 〈신나는 노빈손〉 시리즈

뜨인돌 출판사의 〈신나는 노빈손〉 시리즈도 하나의 고구마 줄기를 당겨서 시작된 기획이다. 과학잡지에 나온 기획기사를 보고 사장이 아이디어를 얻어 청소년 대상 탐험소설을 기획했다고 한다.

만화가 이우일 작가와 여러 명의 스토리작가가 함께 작업한 이 책은 테마별 시리즈까지 수십 권이나 등장해 뜨인돌 출판사의 대표적인 효자 상품으로 자리매김 했다. 이쯤 되면 한 권의 기획 아이디어가 고구마 한 줄기가 아니라 고구마 밭을 만든 경우라 볼 수 있다.

책쓰기 고구마 줄기는 고구마 씨앗인 한 권의 책에서 출발한다. 한 권의 책에서 탄탄한 콘텐츠가 뒷받침된다면 지속가능하게 여러 권이 파생할 수 있는 고구마 줄기를 기대해 볼 수 있다.

한 권의 책이 씨앗이 돼 든든한 콘텐츠의 밭으로

필자의 사무실 오른쪽 벽면에는 책꽂이가 있는데 필자가 기획한 책들이 가지런히 꼽혀 있다. 한 권마다 책을 기획하고 진행하던 때의 사연들이 있

었는데, 돌이켜보면 한 권의 책이 시발이 돼 다른 책을 연결시켜 주었고, 또 그 책이 다른 저자를 연결시켜 주었다.

2007년 말에 기획 출간한 〈학원 발가벗기기〉란 책이 있다. 사교육의 폐해를 짚고 사교육비를 절감시키자는 기획의도로 시작한 이 책은 10명의 교육전문가가 공동저자로 참여 했다. 사교육비 절감이라는 화두를 갖고 이야기하면서 저자와 만나고, 전화, 이메일을 하면서 각각의 저자가 갖고 있는 콘텐츠나 성향을 많이 파악했다.

10명의 저자가 참여하는 기획 진행이 번거롭기는 했다. 그렇지만 책을 함께 만들면서 기획적인 면에서 스킨십을 자주하니 저자를 이해하는 폭이 넓어졌고, 기획거리들이 자꾸 생겼다.

책이 나온 후 10명의 저자 중 6명의 저자와 각각 단독으로 책을 진행했으니 60퍼센트 이상의 저자들을 필자의 인맥군으로 확보한 셈이다. 이 저자들 중 일부는 지금까지도 함께 하고 있다. 한 권의 책이 주변으로 파생되어 필자의 든든한 저자 밭이 된 것이다.

보건교육 선생님들과의 인연

한 지인의 소개로 만난 우옥영 이사장과의 인연을 소개해 볼까 한다.

대한민국 교육은 국어, 영어, 수학이 중심이 되다 보니 기타 교과목은 변방으로 취급되기 일쑤다. 학생들이 진짜 받아야 할 교육에 대해 큰소리를 내도 여간해서는 교육과정이 바뀌지 않는 것이 현실이다. 보건교육이 그 중 하나다. 건강을 지키는 것이 그 어떤 과목의 공부보다 중요하다는 것은 두말할 필요도 없다. 그래서 아이들 스스로가 자기 몸을 보살피는 최소한의 교육이라도 학교에서 체계적으로 가르쳐주자는 주장을 십수년 전부터 해 온 그다.

결국 뜻을 같이 하는 교사들과 보건교육포럼이라는 사단법인을 만들고, 국회 입법으로 보건교과 설치를 추진했다. 또한 꾸준히 수업방법과 건강을 지키는 방법에 대해 연구해 초중고 보건교과서를 만들었다. 그런데 출판사로부터 몇 년간 인세를 받지 못했고, 쩔쩔매던 이사장이 지인을 통해 필자에게 자문을 구해왔다. 내용증명을 보내는 방법과 출판사의 전반적인 사정에 대해 자문해 드렸다. 지금은 출판사도 바꾸었고, 대학원 과정까지 개설하여 보건교육을 가르칠 전문가 양성에 힘쓰고 있다.

이 인연이 필자에게 커다란 고구마줄기가 되었다. 이분을 통해 김대유(국가인권위원회 전문위원) 자문교수를 만났고, 30년 동안의 중학교 교직생활과 교직학과 교수로서의 풍부한 경험에서 얻은 교육정책에 대한 통찰을 책으로 써내는 작업을 함께 하게 됐다. 〈웃기는 학교, 웃지 않는 아이들〉(시간여행), 〈동료효과〉(시간여행), 〈학교폭력의 예방 및 대책〉(시간여행) 이 바로 그 책들이다.

거기서 그치지 않았다. 위의 두 분을 통해 열정적인 보건교사를 또 만나게 되었다. 공주여고 보건선생님인 김종림 선생님이다. 바쁜 학교생활을 하면서도 멀리 공주에서 서울까지 오가며 필자에게 1인1책 코칭을 받았고, 함께 짠 기획에 맞게 중심을 잡아가며 글쓰기를 한 결과, 〈건강은 너의 힘〉(나눔북스)을 출판했다. 십수년간 학교현장에서 보건교사로서 쌓아온 전문적인 경험과 아이들과의 소통방법을 독자들과 함께 나누는 꿈을 이룬 것이다.

자기만의 브랜드를 만들어라

필자는 김춘수 시인의 '꽃'이란 시를 좋아한다. 평소 좋아하는 이 시를 낭독할 때마다 이름을 불러준다는 것의 의미에 대해 생각하곤 했다. 하나의 대상과 개념에 스토리를 만들어 이름을 지어주는 것, 그것이 브랜드이다. 책을 쓴다는 것은 어떤 장점이 있을까를 10년 넘게 고민해 오면서 책쓰기와 브랜드는 매우 밀접한 관계가 있다는 확신이 들었다. 뒤에 가서 소개하겠지만 책을 쓰면서 자신을 브랜드로 만들어가는 저자들이 있다. 필자도 책쓰기로 인해 1인1책이라는 브랜드를 만들었고, 필자의 이름 석자와 브랜드가 동일시 되었을 때의 가치와 영향력을 십분 체험한 바 있다.

전 국민이 한 권의 책을 쓰자는 1인1책

국내저자 출판 에이전시 분야 1세대인 필자가 10년 전 사업을 시작했을 때 어려움이 많았다. 출판사에서는 기획진행을 출판사 영역으로만 간주해 '듣보잡' 취급을 하기가 일쑤였다. 저자들도 출판 에이전시를 통해 출판하면 과연 장점이 있을지를 늘 의심했다. 낯선 역할이기에 과도한 요구를 하거나, 결과물에 대한 책임을 전가하는 경우도 많았다. 한마디로 출판사와 저자 사이에 낀 샌드위치 신세였다. 그런 불모지에서도 기획출판을 한 권, 또 한 권 하다 보니 제안한 출판기획이 베스트셀러가 되기도 하고 저자의 출판계 입문 성공사례가 나오기도 하여 덕분에 10년간 출판 에이전트로 밥을 먹고 살았다.

그러던 중 2012년 김용원 작가를 만났다. 글쓰기 지도와 강사 등으로 생업을 하면서 꾸준한 작품활동을 이어오던 김작가와 〈알함브라 궁전으로 가는 길〉(김용원 지음/크레용하우스), 〈소〉(김용원 지음/동안), 〈내일의 너를 믿어봐〉(김용원외1인 지음/탐) 등을 함께 작업했다.

어느 날 김작가의 가족과 식사할 기회가 있었다. 서로 책에 대해 열띤 이야기를 하던 중, 김작가의 가족 중 한 분이 1인1책이라는 용어를 사용했다. 전 국민이 한 권의 책을 쓰자는 필자의 캠페인 취지에 꼭 맞는 표현이었다. 너무 마음에 들어 그 자리에서 사용 허락을 받아 그때부터 모든 책쓰기 활동의 프로그램 이름을 1인1책으로 바꿨다. 마침 SNS 활동도 열심이던 시기였기에 1인1책이라는 이름은 널리 퍼져 나갔다.

1인1책 브랜드를 만들다

1인1책 브랜드를 사용하기 이전과 이후는 매우 달랐다. 서울 마포구청역 6번 출구에서 1분 거리인 1인1책 사무실에는 그동안 필자가 기획했던 책이 빼곡하게 진열돼 있다. 이곳을 방문하는 손님들은 사무실에 들어와서 이 책들을 보고 대개 놀란다. '아 이렇게 많이 기획출판을 해 봤다면 내 책을 맡길만 하겠구나.'라고 생각한다는 것을 눈치 챌 수 있을 정도다.

하지만 사무실 밖에서 출판 에이전트 김준호는 그 누구도 놀라게 하지 못했다. 철저한 무명이었다. 100여회가 넘는 기획출판의 경험을 갖고 있고

: 각종 교육 프로그램과 강의장에서 펼쳐지는 1인1책 모션

다년간 책쓰기 코칭을 해왔지만 브랜드가 없기에 기억에 각인되지 못하고 그냥 잊혀졌다. 이건 아니다 싶었다. 한 분야에서 열심히 내공을 쌓아 실력을 갖추는 것도 중요하지만 이를 알리는 것도 허술히 해서는 안된다. 1인1책이라는 브랜드가 생기자 적극적으로 홍보하겠다는 의지도 생겼다.

필자가 진행하는 모든 책쓰기 프로그램에 1인1책을 붙이고, 페이스북 1인1책 페이지도 만들고, SNS 상에서 화제가 된 1인1책 모션도 만들었다. 사무실에 1인1책 현수막도 걸고, 여행갈 때 배낭에 1인1책 깃발도 만들어 꽂았다.

성과로 이어진 1인1책

그 결과 출판 에이전시는 활기를 되찾았다. 단군 이래 최대불황을 겪고 있는 출판계의 한복판에 위치한 1인1책이지만 꾸준한 관심 덕분에 출판의 기획부터 집필, 편집과 마케팅에 이르기까지 토탈 서비스체제를 만들기에 이르렀다. 출판계에 머문 것이 아니라 지식생태계라는 더 큰 바다로 나가 큰 안목으로 출판계의 사람들과 함께 성과를 내고 있다. 1인1책 일대일 코칭을 받은 사람들이 책을 출간해 본인의 비즈니스에 도움을 받고 있다.

1인1책 글쓰기 교실과 일대일 코칭을 받은 사람들 중에도 자신의 브랜드를 만들어 활동하는 사람들이 많다. 그 중 한명인 육현주 대표는 3040을 타깃으로 하는 콘텐츠 홍보 분야에서 활동하는 자치통감연구소를 만들어 브랜딩에 나서고 있다. 인문고전 분야가 강점인 육대표는 기업체 홍보에서 인문 분야가 약하다는 것을 간파하고 이를 보완할 수 있는 특화된 사업을 시작한 것. 그 브랜드가 자치통감연구소이다. 육대표는 이와 관련한 책도 준비중이다.

  김용우 단장(빛소리 친구들 무용단) 역시 장애인 예술계에서 크게 활동하는 1인1책 멤버이다. 김 단장은 장애인 무용단을 조직, 해외와 국내에서 다수의 공연을 추진하고 성공리에 휠체어 무용을 개척했다. 그는 꿈과 희망을 줄 수 있는 콘텐츠로 강연도 하고, 이와 관련된 책을 준비중이다. 필자 역시 2016년 연간 출판기획을 10여 권 선계약하고 굵직한 기관과 1인1책 교육서비스를 함께해 나가기로 기획 중에 있다.

모두 1인1책 브랜드를 만들고 활동한 덕분이다. 책을 내는 것은 브랜드를 만드는 과정에 뛰어드는 것이다. 처음 책을 냈다고 브랜드가 저절로 생기지는 않는다. 하지만 한 권씩 저술 목록이 쌓여가면서 해당 분야의 전문작가, 전문가 브랜드가 쌓여 간다. 결국 이름 석자만 보고도 책이 나가는 브랜드 효과를 볼 수 있다.

하나의 대상과 개념에
스토리를 만들어 이름을 지어주는 것,
그것이 브랜드이다.

Part 2

기획이 성패를 좌우한다

독자의 시각으로 기획안을 만들어라

'CEO에게 침을 뱉어라'

8년 전 한 예비저자가 갖고 온 출판기획안의 가제목이었다. 이 제목으로는 책을 읽고 싶은 매력이 느껴지지 않았다.

"왜 이러한 제목을 지으셨나요?"

"네. 평소 CEO들이 행동하는 모습에서 너무 아쉬움이 많았어요. 조직이 발전하고 성과가 나려면 CEO가 변해야 한다는 취지에서 붙여 보았습니다."

대기업 경험도 있고 당시 벤처기업의 이사로 재직하던 A씨는 기업 조직의 변화와 CEO의 리더십에 관해 깊은 지식을 갖고 있었다. 다만 이러한 콘텐츠를 출판기획안으로 제대로 담아내지 못하고 있었다. 아직까지 한 번도 책을 내지 못했던 A씨가 출판기획의 관점에 낯선 것은 자연스런 일이다.

독자의 관점으로 풀어라

한 권의 책을 쓴다는 일은 최소한 한 명 이상의 독자가 생기는 행위이다. 출판도 비즈니스다. 한 권을 출판하기 위해서는 편집, 디자인, 인쇄, 제본, 마케팅에 이르기까지 제반 비용이 1,000만 원 이상 들어간다. 이 비용을 회수하기 위해서는 초판 2,000부는 팔리고, 1~2,000부는 더 나가야 그때부터 수익이 생긴다.

역지사지의 관점이 필요하다. 자신의 기획안이 출판사에서 채택되기를 원한다면 일단 수천 명의 독자를 확보할 수 있는 출판기획안을 만들고, 출판사를 설득해야 한다. 그리고 나서 독자와 진검 승부를 펼쳐야 한다.

출판을 하려는 사람들은 많다. 밖으로 이름이 알려진 출판사는 물론이고 대부분의 출판사 대표 이메일로는 실시간으로 출판하고 싶다는 기획안이 쏟아지고 있다. 어떤 저자는 자신의 기획안을 50개 이상 보내는 일은 기본이다. '기획안에 쏟는 정성은 필요 없고 한 출판사만 물어서 성공시키자'는 심정으로는 베스트셀러를 만들기가 어렵다.

출판기획안은 독자의 관점에서 풀어야 한다. 실용적인 정보든, 미래를 내다보는 통찰력이든, 깊은 성찰을 할 수 있는 자기수양이든 1만 원 이상을 내고도 구입할 수 있는, 독자가 원하는 그런 기획안이 필요하다.

예비저자와 만나면 늘 질문을 던진다.

"이 책의 독자는 누구인가요?"

대부분의 예비저자는 말문을 열지 못한다. 책쓰기를 구상하면서 내가 하고 싶은 얘기만 생각했지, 독자에 대한 관점은 거의 없었기 때문이다. 독자를 염두에 두고 기획안을 만들어라. 분명 가능성이 높은 기획안으로 접근할 것이다.

저자의 마음과 달리가는 독자

〈영어에 성공한 사람 17인이 털어놓는 영어학습법〉이 베스트셀러가 되고 나서 친구의 집에 놀러갔다가 친구의 친구인 S씨를 만났다. S씨가 영어학습법 책을 보면서 영어를 연구한다기에 혹시나 해서 물어 보았더니 바로 필자가 집필한 책이었다.

'영어학습법의 정도가 있는가? 영어학습을 어떻게 해야 잘할 수 있는가?' 가 그 책의 기획의도였는데 S씨는 하나하나의 공부법을 읽고 영어를 잘 배우려고 하는 것이 아니라 이를 학문적으로 접근하려는 태도를 보이는 것이었다. S씨, 즉 독자는 다른 관점으로 이 책을 이해하는구나란 생각이 드니, 잠시 당황스럽기도 했지만 한편으로 참 재미있다는 생각이 들었다. 이처럼 독자는 저자의 마음과 달리간다. 독자의 마음을 전부 읽을 수는 없겠지만 독자의 입장을 깊이 숙고해야 할 이유가 여기에 있다.

독자 타깃을 변경, 베스트셀러 만들어

강남에서 학습법으로 유명한 〈스터디코드〉의 저자 조남호 대표가 있다. 새로운 책의 기획회의 자리에서 조대표는 고교생을 대상으로 학습법 회사를 운영하고, 수요고객층도 고교생인데, 강연회를 열면 이상하게도 초중 학부모들이 더 많이 온다고 했다. 심지어는 유치원 자녀를 둔 학부모도 참석한다고 했다. 그래서 우리는 책의 독자층을 초중 자녀를 둔 엄마로 정했다. 사업체의 타깃은 고교생이었지만 새 책의 독자 타깃을 당장 초중 엄마로 설정한 것이다. 그 결과 대박이 났다. 〈엄마 매니저〉(조남호 지음/글로세움)는 학습법 분야에서 베스트셀러가 됐고 재능방송에서는 〈엄마 매니저〉라는 이름의 교육 프로그램도 생겨 방영됐다. 이처럼 독자 타깃은 책의 성패에 큰 영향을 준다.

📖 경쟁도서를 찾아라

20년 전 〈영어에 성공한 사람 17인이 털어놓은 영어학습법〉을 계약하고 집필계획서를 준비하면서 가장 먼저 했던 일 중의 하나가 대형 서점에 나가 영어학습법에 관한 경쟁도서 찾기였다. 지금은 없어졌지만 서울 종로 1가에 종로서적이 있었다. 4층에 있는 어학 코너를 찾아가니 많은 사람들로 붐볐다. 당시 필자가 쓰려는 책의 경쟁 도서는 〈영어병 10가지〉(박광희 지음/현암사), 〈영어 이렇게 공부하라〉(최묵원 지음/21세기 북스), 〈영어의 바다에 빠뜨려라〉(하광호 지음/에디터) 등이었다. 그밖에 서너 권의 책을 찾아 훑어보고, 어떤 책은 사서 모두 읽었다.

경쟁도서는 당신의 약점을 보완할 계기

당신에게 어떤 출판기획의 아이디어가 떠올랐다. 그것이 지구상에 온전히 당신 하나의 것일 수 있을까. 그렇지는 않다. 비슷한, 혹은 유사한 기획과 제목이 당신을 실망시킬 수도 있다. 하지만 그리 낙담할 이유는 없다. 이미 출판된 책은 당신의 집필에 참고 자료가 될 수 있기 때문이다. 오히려 도움이 될 수 있다. 각각의 책을 비교하면서 약점을 발견할 수 있고, 당신의 책에서는 이를 보완하고 차별화한다면 더 완성도가 높은 책을 낼 수 있다.

자기계발 분야에서 집필활동을 하는 G 저자가 있다. 그는 집필계획을 세우면 비슷한 책을 많이 참고한다. 가급적 많은 책을 고르고, 목차와 책의 방향성을 연구한다. 각각의 책의 부족한 것을 찾아 자신의 콘텐츠를 보완하기 위해 노력한다. G 저자의 책이 대박은 나지 않지만 중쇄는 찍는 것으로 봐서 그의 경쟁도서 분석이 효과를 거둔 것으로 보인다.

경쟁도서에서 아이디어 얻기

경쟁도서를 읽다가 그대로 인용하거나 베끼는 것은 하수의 행동이다. 저작권에 걸리기 십상이다. 그런데 경쟁도서나 타 도서에서 참고하여 자신의 분야에 적용하는 것은 또 다른 책쓰기 방법이라고 본다. 사실 지구상에 나온 책들의 콘텐츠는 어마어마하다. 과학, 교육, 마케팅, 철학, 인문학, 컴퓨터, 어학 등 모든 분야의 책은 이미 나와 있다. 하지만 선수들은 이 경쟁도서와 차별화 되는 지점을 찾아서 새로운 원고를 만든다. 콘셉트를 달리하고 경쟁도서에서 놓치는 부분을 과감하게 건드리는 것이다.

필자 역시 책쓰기 책을 낼 때 고민한 것이 기존 책과의 차별화였다. 경쟁도서를 읽으면서 나만의 차이를 발견했다. 현재 나와 있는 책쓰기 책의 저자 중에는 출판 에이전트의 경험이 있는 사람이 거의 없었다. 책을 많이 쓴 사람과 출판사 종사자였다. 출판 에이전트로서, 또 저자로서, 출판사 본부장으로서 쌓아온 그동안의 다양한 경험을 잘 녹여낸다면 충분히 차별화될 것이고, 승산이 있겠다는 자신감이 생겼다.

1인1책 코칭을 할 때 경쟁도서 분석을 게을리 하는 예비저자들이 많은 것을 본다. 본인의 콘텐츠를 자신하면서 경쟁도서는 '별거 아니다'라며 얕보는 태도를 보며, 당시 필자는 빙그레 웃었다. 실패의 쓴 잔을 마시다보면 자연스럽게 경쟁도서를 스스로 더 찾아보리라는 것을 알기 때문이다. 경쟁도서를 깊이 있게 연구하라. 자신의 콘텐츠에 완성도를 더해 줄 것이다.

자녀교육서 중 경쟁도서를 많이 찾아본 기획이다. 다양한 경영의 원리와 기법 그리고 자기 경영의 기틀을 마련하기 위한 교훈이자 실천서. 아직 경영학이 무엇인지 알지 못하는 청소년들도 이 책에서 들려주는 아빠와 딸의 대화를 따라가다 보면 기업과 자본의 흐름, 생산과 유통, 조직문화에 대해 이해하고 스스로 경영에 대한 궁금증을 가지고 배워나가게 될 것이다.

『아빠, 경영학이 뭐예요?』 심윤섭 지음 | 예문당

베스트셀러 공식을 활용하라

필자는 공식을 별로 좋아하지 않았다. 학창시절 수학 공식의 공포감에 사로잡혀 공식 알레르기가 있었다. 시간이 흘러 보니 공식은 가장 기초적인 이론의 틀이었다. 출판계에서는 베스트셀러를 내는 공식으로 3T(Timing, Titling, Targeting)를 말한다. 여기에 필자는 1C(Covering)를 추가하여 출판기획의 공식이라 칭하고 싶다. 1C가 하나 더 있으니 더 강력한 공식이라고 본다.

타이밍(Timing)

정치인은 타이밍이 중요하다. 대선후보의 경우 사퇴 타이밍이 적절한가에 따라 정치생명이 왔다 갔다 한다. 출판에서도 타이밍이 필수다.

2012년 출판계에서는 스님들의 에세이가 강세를 이어갔다. 2011년 내내 베스트셀러 1위를 달린 혜민스님의 〈멈추면, 비로소 보이는 것들〉(쌤앤파커스)은 130만 부나 팔려나갔고 〈달팽이가 느려도 늦지 않다〉의 정목 스님이나 〈영원에서 영원으로〉의 불필 스님도 베스트셀러 저자의 명단에 이름을 올렸다. 또한 법륜스님은 예능 프로그램에까지 나와 상종가를 치며 〈스님의 주례사〉(휴), 〈엄마수업〉(휴) 등의 도서를 펴내 독자의 관심을 끌었다.

국제적인 금융위기와 경제난을 치루는 가운데 당시 이 타이밍에는 한국인들에게는 힐링이 필요했고 이런 배경으로 스님들의 책 열풍이 불었던 것이다.

재미있는 것은 IMF 외환위기 직후인 1998년에도 법정 스님의 〈산에는 꽃이 피네〉가 종합 베스트셀러 1위를 차지한 것을 비롯하여 법정 스님의 〈무소유〉, 원성 스님의 〈풍경〉, 현각 스님의 〈만행, 하버드에서 화계사까지〉 등이 불안에 떨던 대중의 마음을 위로했다는 것.

이렇게 1998년과 2012년 출판계에서는 공통점이 있고 이 타이밍에 공통적으로 스님들의 책 열풍이 일었다. 이처럼 출판에서는 타이밍을 무시할 수 없다.

필자가 기획한 〈안철수 공부법〉(심정섭 지음/황금부엉이)이 있다. 이 책은 공부만 잘하는 것이 아니라 사회적으로도 온전한 가치를 제시하고 이를 지키고 남들에게 본보기가 되는 안철수형으로 자녀를 키워야 한다는 콘셉트를 갖고 있다. 안철수가 대통령 후보 선언을 하느냐 마느냐가 이슈화 되었을 때 출간됐다. 마침 〈안철수의 생각〉(김영사)이 출간된지 이틀 후 이 책이 발행되어 〈안철수의 생각〉에는 못 미쳤지만 미디어에 꽤 조명을 받았고 판매도 호조를 보였다. 만일 2016년 2월에 〈안철수 공부법〉이 출간된다면 큰 호응을 장담할 순 없을 것이다. 이만큼 출판의 타이밍은 중요하다.

    필자가 기획한 〈일하면서 떠나는 짬짬이 세계여행〉(조은정 지음/팜파스)은 2007년 출판됐다. 이 책은 당시 불기 시작한 직장인의 해외여행 붐과 잘 맞아 떨어졌다. 타이밍이 잘 맞아 Yes 24에서 국내도서 종합 3위까지 기록했다.

평범한 직장인의 밥보다 좋은 여행이야기이다. 여행이 취미이자 제2의 직업이 된 저자가 행복하게 떠났다 온 짬짬이 세계여행의 노하우를 공개한 책이다.

『짬짬이 세계여행』 조은정 지음 | 팜파스

타이틀링(Titling)

    저자와 만나서 기획을 논의할 때 제목이라는 화두가 나오면 서로 멈칫한다. 몇 가지 후보들을 내놓다가 결국 제목 결정은 원고를 써가면서 차근차근 만들어 보자는 유보적 태도를 보인다. 사실 저자의 원고마감까지 책 제목은 가제일 수밖에 없다. 쉽게 결정할 수 없는 것이기 때문이다. 책의 편집과정에서 최종 제목이 결정되고 심지어 책 인쇄를 앞둔 바로 직전에 제목을 바꾸는 출판사도 보았다. 그만큼 제목을 결정하기란 쉽지 않다.

제목은 책의 이미지를 결정한다. 사람이 첫인상이 좋아야 말을 걸고 싶어지듯이 제목이 끌려야 독자가 책을 집는다.

제목이 중요하다보니 책 판매가 잘 된 동일 문구의 비슷한 제목을 단다. '심리학'을 단 책이 독자에게 반응이 좋으면 어떤 테마라도 심리학이라는 단어를 제목에 넣는 것이 출판계의 흐름이다.

〈중학생을 위한 자기주도학습법〉(이지은 지음/팜파스)을 기획하던 당시 서서히 부상하던 자기주도학습법을 제목에 넣었고 3만 여부가 나간데다 독자반응도 좋았다. 그 이후 자기주도학습법을 제목으로 단 책이 엄청나게 쏟아져 나오는 것을 보면서 제목과 판매량을 다시 한 번 고민하는 계기가 됐다.

출판사에서 제목에 집착하다보니 책 내용과 약간은 동떨어진 제목을 차용하는 안타까운 경우가 있었다. 그럴 때 저자와 갈등을 빚기도 하는데 제목이 콘셉트와 키워드에서 출발한다고 볼 때 콘텐츠와 무관한 제목 짓기는 바람직한 방향은 아니라고 생각한다. 또 제목은 벼락같이 떠오를 때도 있지만 머리말과 원고, 콘셉트와 키워드 속에서 많은 숙고 끝에 나온다는 것을 알아야 한다.

제목 결정권을 갖고 있는 출판사의 제목 짓기를 보면서 때로는 잘 된 제목에 웃고, 아닌 제목에 답답하기도 했다. 그중 가장 좋았던 제목이라면 시간여행 출판사의 〈웃기는 학교, 웃지않는 아이들〉(김대유 지음)을 꼽고 싶다. 김대유 교수(경기대 교직학과)가 교육정책을 다룬 책인데 제목의 신선함에 독자들과 저자를 비롯한 주변에서의 반응이 참 좋았다. 제목을 제시한 시간여행 조은주 전팀장은 "학교와 아이들이란 키워드를 갖고 원고를 읽으며 떠오르는 이미지를 문구로 정리해 냈다"며 제목 아이디어의 배경을 밝혔다. 이처럼 원고에서 출발하되 키워드를 중심으로 한 이미지와 결합할 때 참 괜찮은 제목이 나온다고 본다.

학교와 아이들이란 키워드를 갖고 뽑은 괜찮은 제목이다. 진보교육감의 등장과 함께 중요해지고 있는 교육계의 이슈를 조명함으로써 '교육정책을 쉽게 이해하고 대처하는 방법'을 안내하는 책으로 중쇄를 찍으며 교육비평 분야에서 선전하고 있다.

『웃기는 학교, 웃지 않는 아이들』 김대유 지음 | 시간여행

타깃팅(Targeting)

기획 단계에서 핵심독자층을 밝히는 독자 타깃팅이 분명할 때 책의 포지셔닝이 정확하다. 만일 초등학생 자녀를 둔 30대 엄마가 핵심 독자로 타깃팅이 되면 원고 집필과 마케팅도 30대의 엄마를 목표로 진행해야 한다. 누구든 많은 사람이 읽었으면 좋겠다는 막연한 바람으로 기획된 책은 어느 누구에게도 선택되지 않을 수도 있다.

마케팅 용어 중에 표적을 확실하게 설정하는 것을 타깃 마케팅이라고 한다. 불특정 다수에 맞춰진 마케팅이 아닌 확실한 타깃에게 맞는 마케팅을 해야 효율적인 진행을 할 수 있다.

아직까지 출판계에는 독자 타깃을 20~30대 직장인, 30~40대 여성 등 두

루 뭉실하게 정하는 경향이 있다. 이보다는 30~40대 고소득 영업사원, 초등학교 4~6학년 자녀를 둔 30~40대 주부 같이 구체화하고 세분화해야 한다.

2004년에 나온 〈평생성적, 초등 4학년때 결정된다〉(김강일, 김명옥 지음/예담)가 있다. 이 책은 초등 4학년이 학습능력 면에서 매우 중요한 시기라는 것을 밝히며 이때 필요한 학습방법에 대한 지침을 담고 있다. 초등 4학년 자녀를 둔 학부모로 타깃을 분명히 해 4학년생 자녀를 둔 독자뿐만 아니라 초등 4학년을 전후로 한 자녀를 둔 학부모까지 폭넓게 확보했다. 타깃을 정확히 하니 오히려 독자가 확대된 사례로 이후 출판계에서는 초등 4학년이란 문구가 제목에 자주 등장했다.

초등 4학년을 둔 학부모란 독자 타깃을 분명히 한 제목이다. 초등생 학부모들이 가장 많이 이야기하는 자기주도학습에 대한 고민과 오해를 속 시원히 풀어주고, 초등 고학년 단계에서 유념해야 할 점과 점진적으로 실천해나가야 할 사항에 대해 구체적인 조언을 건넨다.

『초등 4학년부터 시작하는 자기주도학습법』 이지은 지음 | 팜파스

취재하기(Covering)

국어사전에서 '취재'란 단어를 찾아보면 '작품이나 기사에 필요한 재료나 제재(題材)를 조사하여 얻음'으로 나와 있다. 주로 미디어에 종사하는 기자나 소설 작품을 쓰는 작가가 현장의 생생한 이야기를 취재를 통해서

언곤 한다.

　책을 기획하고 쓴다는 것은 보편성을 띨 필요가 있다. 이때 수단이 될 수 있는 것이 취재이다. 객관적인 자료조사와 취재로 자신이 쓸 콘텐츠를 잘 다듬어야 한다.

　1C(취재하기)가 필요한 이유는 기획 아이디어 단계에서는 해당 기획과 관련된 자료를 찾아 연구해야 하기 때문이다. 가령 학습만화를 기획해 보고 싶다고 가정해 보자. 일단 학습만화의 롤모델을 찾아봐야 한다.

　학습만화 부분에서 독보적인 성공을 한 〈마법천자문〉(아울북)과 〈Why〉(예림당) 시리즈를 롤모델로 정했다고 보자. 그렇다면 이제 〈마법천자문〉이나 〈Why〉에 대한 구체적인 취재가 필요하다. 인터넷 검색을 비롯해서 관련 자료를 찾고 해당 출판사 관계자도 만나 취재를 해서 기획단계에서 필요한 것들을 입체적으로 모두 알아야 한다.

　일본 출판사의 경우도 편집자에게 취재능력을 강조한다. 일본 고단샤에서 발행한 〈편집자의 학교〉를 보면 '취재의 기술' 강의를 대폭 반영했다. 일본 출판사가 얼마나 취재능력을 중시하는지를 엿볼 수 있는 대목이다.

　필자의 경우 신문, 잡지 기자 출신으로 취재 경험이 많아 기획과 집필활동에 많은 도움이 됐다. 다만 기획자의 길로 들어선 이후 언론사의 적극적인 취재능력에 못지않게 '저자에 대한 예의를 갖춘 취재능력' 겸비를 많이 신경 쓰게 됐다. 기획자가 취재하는 궁극적인 목적은 특종 발굴이 아니라 기획 발굴 및 저자 섭외이기 때문이다. 저자에게 이 취재하기는 매우 필요한 영역이다. 기자 출신의 박모란 작가는 취재하기가 능한 편인데 〈자존심을 버리고 자부심을 가져라》(박모란 글, 장윤경 사진/글로세움)에서 탑 헤어디자이너의 세계를 취재를 통해 입체적으로 조명해 독자들의 관심을 끌었다.

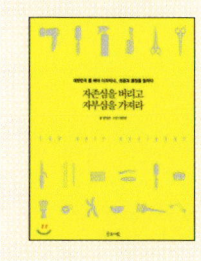

그동안 헤어전문지 「뷰티패션」, 「그라피」 등에서 기자로 활동한 저자가 대한민국 톱 헤어 디자이너 8명을 인터뷰한 책이다. 헤어 디자이너로 성공하기까지 남다른 노력과 열정, 그들의 디자인 철학을 담았다.

「자존심을 버리고 자부심을 가져라」
박모란 글 | 장윤경 사진 | 글로세움

글을 못써도 책을 낼 수 있다

책쓰기에 대한 열망을 가진 사람이라면 누구라도 책을 낼 수 있다. 반론을 이야기하는 사람도 있다. 글을 못 쓰는데, 어떻게 책을 낼 수 있는가? 하지만 글을 못 써도 책을 낼 수 있다. 이른바 대필이란 분야가 있다. 보통 대필이라면 부정적인 인식을 많이 갖는다. 그런데 생각해보자. 자신만이 갖고 있는 이야기 혹은, 콘텐츠가 아주 매력적이라면 누가 쓰더라도 그 원천 스토리의 가치는 떨어지지 않는다고 본다. 좋은 콘텐츠를 적절히 글로 표현할 수 있는 좋은 작가가 쓰는 스토리는 보석을 예쁜 포장에 담는 것과 같다.

실제로 영미권 도서의 경우 저자가 2명인 경우가 많다. 가만히 저자 프로필을 살펴보면 한 사람은 큰 기업의 CEO나 전문가이고, 또 다른 사람은 전문 집필작가인 경우다. 한 사람은 콘텐츠를 가져오고, 나머지 한 사람은 글로 풀어내는 역할을 맡은 것이다.

주식투자 전문가와 경제작가의 만남

　주식 분야 전문가 K 씨는 오랜 동안 주식투자를 해오면서 노하우와 경험을 갖고 있었다. 그는 주식 전문가로서 더 많은 인정을 받고 싶고, 개미투자자에게 도움을 주기 위해 책 저술을 고민했다. K 씨는 주식 관련 이야기가 나오면 달변으로 하루 종일도 얘기할 거리가 있었지만 이를 글로써 풀어나가는 것을 아주 힘들어 했다. 하나의 파트를 일관성을 갖고 글로 쓰는 것이 그에게는 매우 어려운 일이었다.

　필자는 K 씨에게 전문 작가를 연결해 주었다. 경제 관련 단행본을 집필해 본 경험이 많은 작가는 K 씨의 주식투자 노하우를 그만의 콘텐츠로 잘 다듬어 주었다. 주식투자의 방법은 참 다양하다. 어떻게 접근하느냐에 따라 다양한 투자방법이 있다. K 씨가 갖고 있는 주식투자법은 오랜 세월 동안 그가 갖고 있는 투자방법과 지식을 활용한 것이다. 작가는 이를 꺼내서 잘 배열하고, 글로써 독자들이 쉽게 이해할 수 있는 내용으로 정리했다. 그렇다면 혹자는 이러한 질문을 할 수도 있다. 'K 씨와 작가가 함께 만든 그 작업물의 저작권자는 누구인가?'라는 궁금증이다. 주식투자와 관련한 K 씨의 오리지널 콘텐츠는 분명 K 씨의 것이다. 다만 작업을 하면서 작가의 창의성이 가미되기도 한다. 이도 저작권의 일부라 볼 수 있다. 저술을 해서 창작자에게 부여되는 저작권은 크게 저작인격권과 저작재산권으로 나뉜다. K 씨와 집필 작가는 이 2개의 권리에 대해서 별도의 계약을 체결하면 된다.

가령 작가가 저작인격권의 권리를 포기하고 저작재산권의 일부를 가질 수 있다. 저자와 인세를 나누어 받는 방법도 있지만, 보통 집필에 참여하는 비용을 한 번에 원고료처럼 매절 형태로 받는 경우가 일반적이다. 집필 작가는 한 권의 책을 저술하는 것이 비즈니스이기 때문이다.

저작인격권에 참여하는 형태도 있다. 책의 공동 저자로 표기되는 것이다. 미국의 경우 비즈니스 책의 저자를 살펴보면 공동저자가 많다. 한 명은 비즈니스 전문가이고, 또 한명은 전문작가이다. 최근 일부 연예인 등이 대필 논란에 휘말리는 경우가 있었다. 이 때에도 집필자가 누구인가에 대해서 솔직하게 드러내면 되는데, 굳이 이를 감추려는 일부 저자와 출판사가 더 화를 키운 일이다. 세상에 내보내지 못해 안타까운 콘텐츠를 갖고 있다면 대필작가와 만나라. 공동 출판 작업을 통한 부가가치를 창출하면 된다.

작가의 내공이 중요

대필작가의 경우 원저자와의 호흡이 중요하다. 필자가 기획했던 책 중 20퍼센트 정도는 대필작가와 함께 작업을 했다. 원저자의 구미에 맞는 작가를 찾기란 쉽지는 않다. 한 교육전문가가 대필을 의뢰하고 대필작가와 작업한 후에 한 이야기가 있다.

"참, 저 작가는 내가 생각하는 바를 나보다도 더 잘 표현해요."

국어교사로 스타강사인 그가 한 말이 마음에 와 닿았다. 국어교사를 만족시키는 대필작가라면 그 실력이 짐작이 되지 않을까. 대필작가에게 지급하는 비용은 적게는 500만 원에서 많게는 수천만 원 대에 이르기도 한다. 일부 원저자의 경우 대필료의 부담으로 초보 작가에게 일을 맡겨 낭패를 보는 경우가 있다. 원저자의 콘텐츠를 제대로 만들어주지 못하기 때문이다.

대필도 전문 분야가 있다

대필작가 역시 분야가 있다. 어느 날 한 출판사 편집장에게 연락이 왔다. 경제와 비즈니스 책을 자주 만드는 출판사였는데, 꽤 실력 있는 비즈니스 관련 대필작가를 한 교육전문가의 담당자로 배정했는데, 도저히 못하겠다며 잠적을 했다는 것이다. 노총각 작가는 비즈니스 대필 경험은 풍부했지만 자녀교육의 이론과 경험이 없어 이 일은 도저히 못 받아들인 것이다.

녹음 파일이 있으니 필자에게 일을 마무리해 달라는 이야기였다. 구원투수로 등장한 필자는 평소 교육 분야 전문작가인 H 작가를 투입했다. 지방에 있는 교육전문가와 단 한 번 미팅을 했고 남은 녹음 파일을 활용하여 두 달 만에 일을 처리했다. 해당 분야에 대한 전문성이 중요하다는 것을 절감한 사건이었다.

1등에서 꼴찌까지 모두가 행복한 진로교육 이야기이다. 〈내일의 나를 부탁해〉는 자녀의 교육 문제로 고민하는 학부모들, 입시와 진로 때문에 갈등하는 10대 청소년들이 입학사정관제와 진로적성교육의 취지를 보다 쉽게 이해하고 준비할 수 있도록 소설 형식으로 쓴 책이다.

『내일의 나를 부탁해』 송영선 지음 | 다산에듀

눈에 들어오는 목차 만들기

시내에 나가면 대형서점을 자주 방문한다. 약속시간까지 분야별 코너에서 신간이나 화제가 되는 책을 읽으면서 필자가 기획하거나 집필한 책을 읽어줄 미래의 독자를 관찰하기도 한다. 보통 책을 들고 책의 구매 여부를 결정하는 독자의 시선은 일단 책 표지에서 머문다. 다음에는 표지 날개의 저자 프로필을 본다. 그 다음이 목차이다. 목차를 읽어보면서 독자는 이 책을 구매할 것인지, 약속시간이 남아서 잠시 훑어볼 것인지를 결정한다. 그만큼 목차의 비중은 크다.

큰 주제와 작은 주제, 소주제로 이뤄져

독자에게 이처럼 큰 영향력을 발휘하는 목차이기에 책을 쓰는 저자의 경우 목차를 세심하게 만들 필요가 있다. 출판기획자의 경우 목차를 보면 책 내용 전반을 예측할 수 있다. 물론 뻥튀기 목차가 있기도 하다. 목차는 화려하지만 실제 내용은 속빈 강정일 수 있다. 여하튼 책 내용도 튼실해야 하지만 목차 역시 촘촘하게 짜야 한다.

책은 하나의 큰 주제(제목)로 이뤄진다. 이 주제는 다시 여러 개의 작은 주제(파트)로 세분화된다. 작은 주제는 그것을 설명해주는 아주 구체적인 소주제(꼭지)로 나뉠 수 있다. 이 소주제는 큰 제목에 부합하는 내용을 담아야 하는데 이것이 목차다.

목차 잡는 법

출판기획자인 필자는 일대일 코칭을 할 때 예비저자들이 목차잡기에 어려움을 겪는 것을 자주 보았다. 경우에 따라서 함께 도와주다 보니 목차잡기 경험이 풍부해졌다. 목차를 잡느라 머리에 쥐나는 사람들에게 필자는 컴퓨터 폴더와 파일을 사례로 들곤 한다.

컴퓨터에는 큰 상위개념의 폴더가 있다. 그리고 하나의 폴더 아래에는 그 상위폴더의 주제에 들어가는 하위폴더가 자리 잡고, 그 폴더로 들어가면 다시 하위 폴더와 파일들이 빼곡하게 들어가 있다. 목차 역시 이 구조와 비슷하다. 큰 주제인 제목 아래에 중간 주제가 오고, 맨 아래 소주제(꼭지)가 나온다. 대략 40~50개의 꼭지가 모이고, 이를 묶어서 4~5개의 작은 주제(파트)가 모여, A4용지 100장 내외의 분량이 한 권의 책이 된다.

목차는 책쓰기의 기획단계에서 정리해야 하지만 책쓰기 과정에서 얼마든지 바뀔 수 있고, 초고 완료 후에도 배열이나 내용을 수정할 수 있다. 그만큼 중요하기에 그렇다. 일목요연하게 정리되고 일관성을 지닌 목차는 독자의 선택을 유도한다.

양철승 소장이 쓴 〈미래주거문화 대혁명〉(양철승 지음/나눔북스)의 목차 예시를 보자. 출판기획자인 필자가 잡은 목차이다. 이 책에서는 미래주거문화 대혁명이라는 큰 주제를 제시한다. 그리고 작은 주제인 미래 주거문화의 변화를 거시적으로 조망하고, 부동산투자의 미래지역을 소개한다. 3파트에서는 부동산 정책의 미래를 조망하고 4파트에서는 실전 부동산 투자 방법을 안내한다. 5파트에서는 부동산 자산관리 미래 트렌드를 제시한다. 중간 중간에는 투자금액에 따른 실전 미래투자 방법을 팁으로 곁들인다.

목차

미 래 주 거 대 혁 명

1장 미래 주거문화의 변화

사물인터넷(IoT) 주거공간이 온다
주거복지의 시대가 온다
북유럽의 주거복지가 미래
도심의 역세권 부가가치를 주목하라
사용의 개념인 미래주택
부동산 관리 트렌드가 뜬다
한 지붕 세 가족, 공유주택이 뜬다
상상으로 본 10년 후 주거문화
실전 미래투자 | 1 투자 금액(2천만 원~5천만 원)

2장 부동산투자의 미래지역 엿보기

천혜의 관광과 중국인의 유입을 주목하라
수도권의 노른자위를 지나는 철도노선(9호선/분당선/신분당선/위례신사선/GTX)
문화가치가 부동산 상승 주도
실전 미래투자 | 2 투자 금액(5천만 원~1억 원)
친환경 주거지역과 숲세권의 인기가 온다
국제 비즈니스와 IT, BT 개발을 담당할 국제도시
혁신도시, 지방의 태풍이 온다
실전 미래투자 | 3 투자 금액(5천만 원~2억 원)
2030 서울시 준공업지역 활성화 방안
서해안, 복선전철 건설로 경쟁력 상승
친환경과 관광이 어우러질 한강유역

3장 부동산 정책의 미래

거래세는 줄이고 보유세는 늘리는 정책
도시계획에 따라 움직이는 돈
실전 미래투자 | 4 투자 금액(1억 원~2억 원)

수요는 늘리고 공급은 줄이는 정책
토지 소유권 정책(사용/수익/처분)의 변화
미래 주거 기본 정책(주거급여)
실전 미래투자 | 5 투자 금액(7천만 원~3억 원)

4장 향후 부동산 실전투자

노후 빌딩을 리포지셔닝하면 수익이 상승
용도 변경 후 부동산의 가치를 높인다
역발상으로 언덕길 건물에 투자하기
실전 미래투자 | 6 투자 금액(1억 원~3억 원)
건물의 가치를 높여주는 엘리베이터
땅의 수익을 극대화하는 맹지타파 방법
지목 변경은 토지의 리모델링이다
사선제한 폐지는 투자의 기회가 된다
NPL로 저가에 매입, 수익창출의 기회
실전 미래투자 | 7 투자 금액(2억 원~5억 원)
다목적통장 주택청약종합저축을 활용해라

5장 부동산 자산관리 미래 트렌드

부동산의 패러다임이 바뀐다
저금리·고령화 시대, 수익형부동산으로 돌파하라
수요자 중심의 맞춤형 미래주택을 노려라
거주하는 주택과 땅이 수익으로 변화
실전 미래투자 | 8 투자 금액(5억 원~9억 원)
공실률 제로에 도전하라
행복도 자산, 행복계좌를 풍성하게 만들어라
실전 미래투자 | 9 투자 금액(9억 원 이상)

목욕재계하고 쓰는 책의 **집필계획서**

20년 전 처음 출판사와 계약을 하고 집으로 돌아온 다음 날, 새벽 일찍 목욕탕을 다녀왔다. 그리고 첫 집필안을 작성했다. 당시 출판사에서는 출판 기획의도와 목차를 요구했기 때문에 오랜 시간을 들여 영어 대가들의 리스트를 일일이 적고, 기획의도와 집필방향 등을 정성껏 적었다. 그때 목욕을 한 이유를 곰곰이 생각해 보니 몸을 씻으면서 마음도 깨끗이 정리하여 온통 책쓰기 작업에 집중하겠다는 결의를 스스로 다지려고 했던 것 같다. 집필계획서는 이렇듯 절로 몸과 마음을 가다듬게 하는 위력이 있다. 출판사로부터 집필안을 의뢰 받았을 때 특별한 형식을 제안 받은 것은 아니다. 그때 기자라는 직업을 갖고 있었기에 기사 쓸 때의 기획의도와 내용 구상을 응용해 집필계획서를 완성했다.

집 필 계 획 서

제목   (가안) 영어에 성공한 사람들
작성일   1996년 9월 4일
작성자   대학문화신문 김준호 기자

문제의식의 출발

우리 주위를 둘러보자. 주위엔 영어공부를 열심히 하는 사람들이 많다. 그러나 더 세밀히 들여다보자. 우리 주위엔 영어공부를 하는 사람들은 많지만 영어를 잘 하는 사람들은 적은 것을 알 수 있을 것이다.

영어공부들은 열심히 하는데 '왜' 영어실력은 향상되지 않을까? 중고교에서 6년, 대학에서 4년 모두 10년 이상의 영어공부를 했음에도 불구하고 '왜' 외국인 앞에서는 피하고 움찔어 들어야 할까? 우리나라에서는 한 때 토플 영어공부가 유행하던 시기가 있었다. 대학에 들어가서 '영어공부는 토플이야'라며 토플 교재를 뒤적이던 시절, 당시 토플공부가 우리들의 영어실력에 어떤 도움을 주는 지에 대해선 크게 검증되지는 않았다. 다만 당시의 대학생들은 입사시험 문제유형이 토플과 유사하다는 이유만으로 토플 영어공부를 했던 것이다.

그 이후 최근에는 토익바람이 불고 있다. 하지만 토익바람도 마찬가지다. 토익공부는 진정한 영어 실력 향상하고는 거리가 있는 책, 각 기업에서 토익시험을 입사시험과 승진시험에 반영한다는 이유만으로 대학생을 비롯한 직장인들은 토익공부를 선호하는 것이다. 토익점수가 높다고 해서 영어를 잘하는 것일까?

이렇듯 우리나라의 영어학습 풍토는 중고교 때 어려운 문법책과 씨름하던 시기는 차치하고도라도 대학생 이상의 성인들 역시 토플과 토익시험 대비라는 '제한된 영역'에서 영어학습을 해왔다. 이런 영어학습 풍토속에서 우리나라 사람들의 외국어 실력은 크게 향상되지를 못했다. 그렇다면 어떤 영어학습법이어야 하는가?

문제의식의 일단

사례제시 1.
부산대 경영학과를 졸업하고 현재는 부산에 있는 모 동사무소를 다니고 있는 신주은 씨. 그녀는 대학을 나온 보통의 사람들이 그러하듯 영어공부를 잘하지 못하는 평범한 직장인이었다. 영어를 잘 못했던 그녀는 작년 5월 한 호주 여인과 만나 친구로 지내기 시작했다. 그녀가 처음 호주 여인과 만났을 때는 영어를 잘 구사하지 못해 늘 웃기만 했다. 또 손발을 사용한 콩글리쉬가 전부였다. 그러다가 호주 여인과 일주일에 한 번 정도 꾸준히 만나고 또 전화를 하면서 조금씩 말문이 열렸다. 호주 친구 때문에 영어를 배워야 할 필요성을 깊이 느낀 신씨는 코리아 헤럴드를 정기적으로 읽기 시작했다. 영어학원 등을 일절 다니지 않았던 신씨는 1년 여간이 흐른 뒤 상당한 수준의 영어실력을 쌓게 되었다. 숙달된 영어실력으로 신씨는 올 여름휴가 기간엔 캐나다인 남자친구와 함께...

: 필자의 1996년 집필계획서

집필계획서 쓰는 법

그동안 집필계획서를 많이 써왔다. 출판사에 제안하는 집필계획서가 통과되어야만 출판계약 절차를 밟기에 계약의 성패가 달린 한 부의 집필계획서에 공을 들여왔다.

한 권의 책은 적게는 1천만 원 내외에서 나아가 수천만 원까지 비용이 발생한다. 그 출발점인 저자의 집필계획서가 쓸데없는 비용소모를 줄일 수도 있으니 중요성은 더말할 나위가 없다.

집필계획서에 꼭 들어가야 할 내용으로는 ① 가제목 ② 콘셉트 ③ 기획의도 ④ 예상 독자층 ⑤ 저자 프로필 ⑥ 주요 구성 ⑦ 홍보 방안 등이다.

요즘 광고나 마케팅 분야의 프레젠테이션은 10분 안에 모든 것을 말하라며 시간 제한을 둔다. 집필계획서도 마찬가지다. **가제목**에 책의 모든 것을 압축한 문구가 들어가야 한다.

한 저자와 함께 기획안을 준비할 때였다. 견본원고도 다 썼고 책의 방향도 정해졌는데 가제목이 떠오르지 않았다. 바쁘니 일단 가제목 없이 진행하자는 의견도 있었다. 하지만 고집을 부려 긴 시간 동안 고민을 거듭하여 저자와 내가 모두 마음에 드는 가제목을 뽑았다. 가제목이 결정되자 오히려 책의 콘셉트와 키워드가 더 쉽게 정리됐다. 기획서의 가제목이라고 적당히 짓지 말고 가제목부터 연구를 하다보면 그 책의 전체적인 그림을 그리는 데 큰 도움이 된다. 또한 필자는 집필계획서 작성 시 책의 **콘셉트**를 중시한다. 콘셉트란 독자의 욕구에 기초해 기술한 책의 핵심내용과 특징을 일컫는다. 늘 기획하려는 책의 콘셉트가 무엇인지 한 문장으로 기술하거나 한 문구로 정리하는 습관을 들이곤 했다.

기획의도에서는 책을 기획하게 된 동기나 배경, 독자와 저자 환경 및 사회 맥락속에서 책의 의미와 영향력 등을 소개한다. 콘셉트에서 간결하게 이 책의 핵심내용을 밝혔다면 기획의도에서는 출판의 결정을 내리는 사람에게 기획의 취지를 보다 자세하고 구체적으로 소개했다.

당시 기록했던 〈**엄마 매니저**〉(조남호 지음/글로세움)의 기획의도를 구체적으로 살펴보자.

- 교육에 관심이 높고 구매력이 높은 부모들, 특히 초등학교 고학년 및 중학생 자녀(11~15세)를 둔 부모들은 성공적인 대학 입시를 위해서 무엇이든 가능한 것들이라면 미리 준비하고 싶어 한다. 특히 최근 들어 입시가 내신/수능/논술을 다 잘해야 하는

'죽음의 트라이앵글' 체제로 변모한데다가, 과거와 달리 창의력과 상상력을 요하는 서술형 평가가 강화되면서 이런 입시 흐름의 변화에 아이가 적응해야 하는 현실이 됐다. 결국 고교시절에 무리한다 해도 대부분 한계가 있으니 초등생 때부터 차근차근 준비해야만 공부 실력이 향상되고 입시 흐름에 적응할 수 있다는 결론이 나온다.

•• 그런데 초등 고학년부터 중학생까지, 대략 11~15세 자녀를 둔 부모들, 특히 엄마들이 아이의 공부 실력 향상을 위해 무엇을 준비해야 하는지, 입시를 위해서 무엇을 준비해야 하는지를 정확히 짚어 주는 자녀교육서는 드물다.

••• 그래서 본사(서정콘텐츠그룹)는 21세기에 맞는 뉴타입 입시/공부법 전문가로, '죽음의 트라이앵글'이란 용어의 창안자인 조남호 대표(스터디 코드 네트웍스 CEO/대표 컨설턴트)와 함께 11~15세 자녀를 둔 부모들을 위한 '내 인생 최고의 입시/공부 매니저는 엄마다' 란 취지로 자녀교육서를 기획했다.

· · · · ·

콘셉트에서 방향을 제시한다면 기획의도는 그 배경과 독자와 저자의 환경을 구체적으로 명시한다. 필자는 이때 취재기법을 도입해 저자와 충분히 토론을 하고 기획의도를 밝히는 편이다.

예상 독자층은 핵심 독자층과 확대 독자층을 정하는 것이다. 책의 타깃을 분명히 해야 기획의도를 살리고 서술의 일관성을 가질 수 있어 핵심 독자층은 기획단계에서부터 정교하게 정리할 필요가 있다. 이 독자타깃을 정하는 부분에서 의외로 책의 콘셉트와 방향이 명료해질 때가 많아 늘 타깃 독자를 중시하는 편이다. 또 핵심 타깃과 별도로 확대 독자층을 제시해 책의 판매사이즈가 확대될 때의 독자층도 예상해 두는 것이 좋다.

홍보안 항목에서는 서점을 중심으로 한 일반적인 홍보 방안을 이야기 하는 것이 아니다. 기획에 따른 콘텐츠에 부합된 특화된 홍보 방안을 모색해야 나중에 책 판매에 도움이 된다. **〈엄마 매니저〉**의 홍보 방안을 살펴보자.

이슈메이킹: 이 책은 변화된 입시 흐름에 적응하도록 자녀의 공부를 돕고 싶은데 방법을 잘 모르는 학부모들의 시선을 끌기에 충분하다. 이 점을 보도자료, 언론 등에 적극 부각시키고 서평, 블로그, 각종 미디어 등에도 알리며 저자의 강연을 활성화시키면 좋다. 여성잡지 및 여성 대상 정보공유 사이트 같은 매체에도 저자의 칼럼이나 책 소개를 적극적으로 하며 학부모들에게 적극적으로 알리면 큰 효과가 있을 것이다.

온/오프라인 이벤트: 이 역시 다양한 시도가 가능하다. 학습지 회사라든지 교육 컨설팅 회사 등과 손잡고 그들의 소식지나 학습지 또는 온라인 사이트를 이용한 홍보를 할 수 있다. 온라인 서점이나 출판사 사이트를 통해 학부모 대상 온라인 이벤트도 가능하다.

학교/학부모 모임: 여러 초등학교(중학교 포함) 교장, 교감, 상담교사 등에게 대행업체를 통해 책을 발송하거나 학부모단체, 각 학교 학부모회 앞으로 책을 발송해 홍보하는 방안도 고려할 수 있다. 학부모들의 책 읽기 모임 등으로도 발송해 권장도서로 추천받는 방안도 바람직하다.

저자: 저자는 입시 전문가이자 학부모의 니즈를 잘 파악하고 있다는 점 등에서 강점이 있다. 또한 탁월한 강연 능력을 갖춰 많은 학생 및 학부모들에게 책을 홍보하는 데도 유리하다. 또한 저자의 독자 사이트를 통해서 책 내용을 직접 상담 받을 수도 있다. 뿐만 아니라 학부모들에게 큰 호응을 얻은 '대치동 강연회 영상'을 CD로 제작하여 책과 함께 제공할 수 있다. 저자/에이전시/출판사가 각자의 강점을 잘 살리고 협력하며 필요하다면 공동마케팅도 적극 시도하여 출간 초기에 독자 구매를 유도할 필요가 있다.

예시문에서 나타나듯 저자를 중심으로 한 홍보안이 현실적이니 출간 이후 저자 프로모션을 진행하는 데에도 참고자료가 될 수 있다. 또한 다각도의 영역에서 책 홍보 영역을 미리 가늠해 보는 것도 출간 이후 마케팅 계획 수립에 도움이 된다.

집필계획서는 앞으로 나올 책의 '시나리오'이다. 팀원과 편집장이 계획안을 검토해서 사장이 최종 결정하면 출판사의 계발계획이 확정되고, 출판에이전시의 계획서를 출판사가 결정하면 출판사에서는 투자가 시작된다. A4 용지 몇 장이 투자를 결정짓는 것이다. 계획서를 작성하는 사람이든, 이를 보고 결정하는 사람이든 지표가 되는 계획서에는 구체성이 담보되어 있어야 함을 명심하자.

물론 앞서 제시한 필자의 계획서 구성요소 중에는 시장조사 내용이나 책의 판형과 책가격 등 일부 요소가 빠진 부분도 있다. 형식에 얽매일 필요는 없다는 생각에서다. 중요한 것은 계획서에서 앞으로 나올 책의 밑그림이 그려져야 한다는 것이다. 집을 지을 때 설계도면 없이 집이 지어지는 것을 본적이 있는가? 책도 마찬가지다. 새집에 설계도가 필수 듯이 출간할 책은 입체적으로 작성된 계획서가 필수다. 날카롭고 풍부한 집필계획안이 콘텐츠의 질을 좌우한다.

'엄마는 인생 최고의 입시 매니저'란 콘셉트에 충실하게 기획서를 작성했던 것이 주효했다. 교육전문가인 조남호(스터디코드) 대표가 입시의 가장 큰 조력자로 꼽은 '엄마'의 역할을 상세히 풀어냈고 현재 15쇄를 찍는 등 독자인 엄마들에게 크게 인기를 얻고 있다.

『엄마 매니저』 조남호 지음 | 글로세움

1인1책 10계명

1. 고급독자가 고급저자 된다
2. 독자는 주민번호, 저자는 ISBN
3. 한 사람이 콘텐츠 하나다
4. 저술은 최고의 은퇴설계
5. 책은 크고 두꺼운 명함
6. 세계는 넓고, 출판사는 많다
7. 상상하라, 당신의 베스트셀러
8. 힘있는 스마트 세상, 그대의 것이다
9. 내 책 기획은 나의 삶이다
10. 자유로운 세상, 책과 함께 나가자

김준호 대표 지음
고정욱 작가 감수

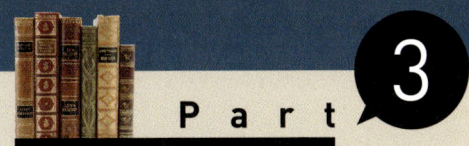

Part 3

출판사와 친구가 되어라

저자가 찾고 싶은 출판사

저자와 책 출간을 위한 기획 아이디어 회의를 한창 하고 있었다. 이야기가 마무리 되는 가운데 선호하는 출판사를 물어 보았다.

"제 책을 가장 히트시킬 수 있는 출판사를 찾아 주세요."

이런 저자의 말을 들으면 참 난감하다. 그래도 저자와 콘텐츠에게 가장 적합한 출판사를 찾는 것이 필자의 직업이라 오늘도 출판사 전화번호를 돌린다. 저자들이 책을 펴내는 목적은 다양하다. 그러하기에 선호하는 출판사의 기준 역시 천차만별이다.

출판기획을 구상하고, 집필계획서를 준비한다. 그 다음 준비할 것은 견본 원고이다. 일부 원고를 보여주지 않고서는 출판사의 관문을 통과하기는 어렵다. 이제 자신이 출판사를 고르면 된다. 아직 지명도가 약한 당신은 출판사를 스스로 찾아야 한다.

그렇다면 어떤 출판사를 골라야 할까? 일단 시내에 있는 대형서점, 혹은 온라인 서점에서 당신이 내려는 분야의 책을 펴냈던 출판사가 1차 타깃이라고 본다. 기왕이면 오프라인 서점에 가서 같은 분야의 출판사를 고르는 것이 더욱 낫다. 실제 물건을 보아야 더욱 실감이 나는 법이다. 이러한 책을 보면 판권이 책 앞이나 뒷면에 있고, 출판사의 연락처와 이메일 주소가 있다.

그런데 최근 책쓰기 붐이 일면서 예비저자들이 다수의 출판사에 대량의 이메일을 보내고 있다. 천편일률적이고 판에 박힌 내용의 기획안을 보내 출판사측 관계자에게 조롱거리가 되고 있다. 일부 책쓰기 강사의 자질을 의심할만한 일이 버젓이 벌어지고 있다.

K 출판사 M 대표의 페이스북의 포스팅이다. M대표는 페이스북에서 상투적인 문구를 쓴 기획안의 질적인 부분을 지적하며, 이러한 패턴의 기획안은 컴퓨터상의 휴지통으로 직행한다고 일갈하고 있다. 실제로 출판사 대표들이 일부 책쓰기 프로그램에서 예비저자들이 출판사를 대하는 태도가 매우 고압적이라며 배우는 과정의 커리큘럼과 질 등에 대한 문제를 제기하는 것을 여러 번 본 적이 있다. 책쓰기 프로그램을 진행하는 필

: 일부 예비저자들의 무분별한 투고에 대한 한 출판사의 냉소적인 반응

자로서는 낯 뜨거웠던 순간이었다. 출판사 역시 예비저자와 콘텐츠의 질을 판단하고 비즈니스적인 관점에서 바라본다. 무명 저자에게 살갑게 굴면서 1,000만 원이 넘는 출판비용을 기꺼이 내어줄 사람은 없다. 이 점을 일부 책쓰기 프로그램에서는 놓치고 있는 것이다.

출판사를 고르는 3가지 기준

먼저 저자에 대한 **이해와 편집능력**을 갖춘 출판사이다.

저자에게 매력적인 출판사란 저자와 그의 콘텐츠를 이해해주는 곳이다. 저자를 잘 모르고서야 책이 온전히 나올 수 없다. 저자를 이해한다면 콘텐츠를 더 빛나게 해 줄 수 있고 저자의 원고를 최고의 편집으로 만들어 줄 수 있다.

저자들은 자신의 가치를 알아주고 왜 글을 쓰고, 어떻게 써야 할지에 대해서 이해해 주는 출판사를 좋아한다. 인간은 자기를 알아주는 사람에게 최선을 다해 보답하려는 경향이 있듯 저자를 알아주는 출판사에게 저자는 글로써 호응을 해준다.

그런데 저자를 깊이 이해하는 것만으로는 부족하다. 능숙한 편집능력이 저자의 호감을 유지시켜 준다. 편집능력이란 출판사가 초고를 받고난 뒤 원고를 교정교열하고 편집디자인을 하고 제목을 확정하는 등 책의 꼴로 만드는 역량을 말한다.

C 출판사는 저자가 탈고를 한 후 원고에 대한 피드백이 없다가 편집디자인에 들어가서야 원고수정을 해서 빠듯한 일정으로 저자를 곤혹스럽게

만들었다. 또 제목이나 소제목 등도 저자의 초고를 그대로 갖다 써 편집진이 내놓는 고민의 흔적은 찾아 볼 수 없었다. 심지어 저자의 초고에 나타난 오탈자도 고치지 않고 출판이 이뤄지면 저자 입장에서는 실망스러울 수밖에 없었다.

반면 K 출판사의 편집능력에 대해서는 저자의 만족도가 높았다. 일단 초고를 넘기자 K 출판사는 저자의 관점을 벗어나지 않는 수준에서 원고를 보완했다. 또한 소제목과 제목에서 세련된 카피성 문구로 피드백을 주니 저자의 만족도가 높았다.

두 번째, 저자는 **신뢰할 수 있는 출판사**를 만나고 싶어 한다.

전에 책을 써 본 경험을 갖고 있는 H 저자는 필자를 찾아와서 투명한 출판사를 원했다. H 저자는 "책을 내고나서 내 책이 독자에게 얼마나 인정을 받는지 알 수 있으려면 얼마나 팔리는지, 반응이 어떤지를 알아야 하는데 전 출판사에서는 전혀 알려주지 않았다."며 새로 출간될 책의 신뢰성을 출판사 선택의 제 1조건으로 들었다. 십분 공감이 가는 지적이다.

B 출판사는 출판권 설정 계약서를 저자에게 내미는 방식부터가 요상하다. 보통 출판권 정식계약에 앞서 사전에 계약서를 검토해 서로의 입장을 조율하는 것이 계약의 기본이다. 이메일로 사전에 계약서를 주고받는 경우가 이에 해당한다.

한번은 B 출판사와 계약을 검토하는데 출판사 담당 편집자로부터 온 사전 계약서가 PDF 파일로 온 것이다. 저자측의 의견은 어떻게 전달하느냐고 묻자 편집자는 PDF 파일 내용에서 저자는 수정 없이 그대로 수용할 것을 강권했다. 저자와 출판사의 보완, 확인 작업 없이, 저자의 질문과 의견을 전혀 반영하지 않는 처사였다.

출판계약이란 저자와 출판사의 상호 합의이고 출판행위의 신뢰를 가늠할 중요한 과정이다. 이후에도 B 출판사의 저자 측을 무시하는 행태는 계속됐다. 마케팅의 일환으로 신문광고를 한다면서 2쇄 분의 저자인세를 광고 집행료로 요구한 것이다. 말이 권유이지 이를 거절하자 출판사 담당자의 분위기가 심상치 않았다.

이러한 출판사의 행태를 좋아할 저자는 당연히 없다. 창작자인 저자를 도구화하는 이런 처사는 비단 출판계에서만 벌어지는 문제는 아니다. 얼마 전 가수 신중현은 음반제작사를 상대로 소송을 제기해 1심에서 승소했다. 신중현은 절판된 음반을 재발매하는 과정에서 음반제작사와 분쟁이 생겨서 소송을 건 것인데 음반에 수록된 모든 곡을 작사, 작곡, 편곡 했음에도 음반의 제작비용을 댄 음반제작사가 그의 권리를 제한하자 가수 및 음악기획자로서의 권리구제에 나서 승소한 것이다.

문화 콘텐츠 전반에 퍼진 창작자의 권리를 우대하지 않는 풍조는 점차 사라질 수밖에 없으리라 본다. 이미 일부 영역에선 창작자가 스스로 제작을 하면서 창작자의 권리를 지켜내는 추세란 점을 출판사가 알아야 한다.

소통도 저자에게 신뢰를 줄 수 있는 소중한 영역이다. 저자의 성향이 모두 다르니 출판사 입장에서 힘겨울 수밖에 없다. 이렇게 개인마다 편차가 있는 저자와 얼마나 유연한 자세로 소통하느냐에 따라 출판사의 신뢰도는 크게 달라진다. 극단적으로 말해 어떤 저자에게 호평을 받았던 출판과정의 행위가 다른 저자에게는 큰 불평으로 돌아오는 경우도 보았다.

세 번째, 저자는 **출판사의 마케팅 능력**을 중시한다.

저자는 자신의 책이 주목 받기를 원한다. 문학서이든 자기계발서이든 비즈니스나 사회적 이슈를 다룬 책이든 모든 저자의 가장 큰 관심사가 바로 마케팅 능력이다. 출판사에서 나온 책은 독자들에게 광범위하게 보급돼야 한다. 마케팅이 필요한 이유가 여기에 있다.

출판사마다 고유한 마케팅 스타일이 있다. 단지 재정규모만으로 마케팅 능력이 결정되는 것은 아니다. 1인 출판사라도 최근 부각하는 SNS 미디어를 통해서 마케팅 활동을 열심히 하거나 서평 이벤트를 통해서 독자와의 간극을 좁히기 위해 많은 노력을 한다. 단순히 지면광고 외에도 옥외광고나 북트레일러 등 변화하는 시대를 읽어서 다양한 방식의 마케팅 전략을 시도하는 출판사를 저자는 선호할 수밖에 없다.

다행히도 필자와 네트워크를 구축중인 출판사들은 마케팅 면에서 자기만의 뚜렷한 장점을 갖고 있다. 모든 것을 갖추진 못하더라도 한 가지 분야만큼은 장점을 내세울 수 있는 출판사가 돼야 저자를 끌어 들일 수 있다.

출판사 섭외의 노하우

책을 기획출판하면서 출판사 섭외를 참으로 많이 했다. 일부 저자들 중 한 개의 기획안을 출판사에 수십 번 제안했다가 겨우 한 곳의 출판사에서만 받아들여 졌다고 인터뷰한 것을 본적이 있다. 필자는 그러한 한 개의 기획이 아니라 100여명이 넘는 저자들의 기획안으로 출판사를 섭외하면서 성공보다는 실패를 했던 경험이 훨씬 많다. 성공 횟수가 178회이니, 한 건당 10번의 실패를 곱해 보면 1,000여회의 실패 경험을 갖고 있다. 그러면서 효과적인 출판사 섭외의 노하우를 터득했다.

일단 출판기획서를 충실하게 만들어라. 누구에게도 내놓을 수 있는 자신만의 기획안이 필요하다. 견본원고 역시 기획안에 부합한 내용으로 정리하라. 그 다음 1차로 그 분야의 4~5개 이상의 출판사에 이메일을 보내라. 그리고 일일이 전화를 해서 확인해라.

"여보세요. 저는 가제 〈1인1책 베스트셀러에 도전하라〉라는 출판기획안을 귀 출판사 대표메일로 보낸 아무개라고 합니다. 혹시 받아 보셨나요? 괜찮으시다면 출판기획안을 검토할 분께 전달을 부탁드립니다. 만약 직접 만나길 원하시면 제게 연락을 주십시오."

기획안을 제안할 때 길게 이야기 할 필요는 없다. 상대방이 담당자가 아니라면 십중팔구 귀찮아 할 것이고, 바쁜 업무에 허투루 들을 가능성이 크다. 중요한 것은 담당자에게 전달되는가 이다. 그 사람이 제대로 검토할 수만 있다면 가능성은 있다.

필자도 출판 에이전트 초창기에 한 건의 기획안을 가지고 수십 개의 출판사를 두드린 바 있었지만, 최근에는 4~5개의 출판사에 집중적으로 보낸다. 만일 그 출판사들에게 반응이 없다면 2차로 4~5개, 3차로 4~5개 정도를 보낸다. 그러고도 채택이 안 된다면 출판사를 욕하기 전에 자신의 기획안과 견본원고를 냉철하게 다시 한 번 검토해 보완할 필요가 있다.

출판사와 계약하는 원칙

20년 전 처음으로 저자가 돼서 출판사와 출판계약을 진행했을 때 인세 10퍼센트에 선인세 100만 원을 받았다. 물론 필자의 의견은 없었고, 출판사 담당자가 관례대로 한다고 제시한 조건이었다.

며칠 후 출판사에서 연락이 왔다.

"저, 사장님이 처음 책을 쓰는 분한테 과한 인세 요율이라고 8 퍼센트로 내리자고 하시더군요."

"아. 네, 그래요. 그렇게 하시지요."

이렇게 대답했던 기억이 난다. 참 바보 같은 대처였다. 아무리 처음 책을 쓰는 초보 저자라도 일단 출판계약을 완료했다면 그냥 버텨도 좋으련만 말이다. 어쨌든 그 당시의 기억은 잊혀져갔지만 178권의 출판계약을 하다 보니 저자가 출판계약 시 주의해야 할 사항이 몇 가지로 정리가 되었다.

계약서 상에서만 갑인 저자

먼저 출판사와 하는 출판권 계약서에는 갑을이 명시돼 있다. 대한민국 어떤 출판계약서에도 갑은 저자다. 그런데 실제로 갑의 권한을 행사하는 저자는 전체 저자의 10퍼센트가 되지 않는다. 눈치 빠른 독자라면 짐작 하겠지만 대부분의 저자는 사실 을이다. 특히 출판사가 신간 출간에 대해 매우 소극적인 분위기인 불황인 출판시장에서 저자는 을일 확률이 높다.

그렇다고 당신이 기죽을 필요는 없다. 왜냐하면 당신이 쓴 책이 독자들에게 폭발적인 반응을 얻고 있다면 당신은 금방 갑의 지위를 가질 수 있다. 많은 출판인들이 당신 앞에서 을을 자처할 것이다.

이 대목에서 한 가지 짚고 가자. 앞서 지적했지만 최근 책쓰기 프로그램이 활성화 되면서 일부 책쓰기 강좌에서 출판사에 너무 강하게 대할 것을 주문하는 모양이다.

A 출판사 사장은 일부 책쓰기 프로그램을 수강하고 책을 쓴 예비저자의 기획을 채택하려고 담당자가 통화를 했는데, 마케팅 계획안을 요구해서 그 저자의 기획안을 포기했다는 일화를 전했다.

아직 무명저자에 불과한 저자의 기획안에 맞춰 출판계약 전에 마케팅 계획안을 제출할 출판사는 거의 없다고 봐야 한다. 일부 책쓰기 프로그램에서 현실을 모른 채 바람을 주입하는 역작용이 아닌가 해서 좀 걱정스럽다.

출판계약서 보는 법

표준 출판계약서를 보면 여러 장으로 구성돼 있고, 항목도 많아 예비저자일수록 기가 죽는다. 절대 그럴 필요는 없다. 처음 출판계약을 한다고 너무 고분고분하게 출판사측의 의견에 따를 필요는 없다. 물론 책을 처음 쓰는 저자가 너무 까다롭게 굴어서도 안 된다. 매사 중도감을 갖고 대하면 탈이 없다.

자, 저자가 가장 신경을 써야 할 출판계약서의 조항은 무엇인가?

먼저 마감 날짜를 정하는 일이다. 원고마감 일정을 너무 형식적으로 적어놓고, 나중에 출판사로부터 원고 독촉을 받는 경우도 많다. 실제 가능한 날보다 2주나 한 달 정도는 여유를 잡는 것이 좋다. 출판계약을 여러 번 하다보면 자연스레 알겠지만 출판사 측에서는 원고마감 일정을 빠듯하게 앞당겨 일찍 잡길 원한다. 보통 빠르면 3개월에서 6개월까지 가능한 변수를 고려해 출판사와 협의해야 한다.

다음은 인세요율과 인세지급 패턴에 관한 부분이다. 인세요율은 성인 단행본의 경우 7퍼센트에서 10퍼센트까지가 보편적이다. 거물급 저자의 경우 11퍼센트에서 13퍼센트까지 올리기도 하는데 100명 중 한명의 저자 꼴이고, 저자인세가 10퍼센트를 넘어서면 출판사 사장의 안색이 좀 변한다. 갑중의 갑인 저자라도 10퍼센트 정도에서 양보하는 것도 좋다. 유통 서점의 공급율이 60퍼센트에서 55퍼센트까지 내려가다 보니 출판사의 수익률이 예전에 비해 많이 낮아졌다. 어린이 단행본의 경우 일러스트 작가 인세요율을 고려하다보니 5퍼센트에서 7퍼센트 정도가 보통이다. 인세요율을 터무니없이 낮게 책정만 하려는 출판사 사장은 되도록 피하는게 좋다.

인세지급은 출판계약 시에 선인세로 받는다. 보통 50만 원에서 100만 원을 받고 저자의 기존 실적과 지명도에 따라 200~300만 원, 많게는 수천만 원의 선인세를 받기도 한다. 물론 무명저자의 경우 평범한 선인세를 받게 된다. 초판 발행부수에 대한 인세는 책이 출간된 후 한 달 안에 지급되는데, 요즘 출판계의 초판 부수는 1,000부에서 2,000부 사이이다.

그 이후부터는 판매부수 기준으로 1년 분기별로 4회, 혹은 2회 분할해서 받기도 하고, 출판사에 따라 한 달 단위로 인세를 지급하기도 한다. 인세보고 사항은 출판계약서에 명시돼 있는 만큼 인세 지급 시 메일로 보고 된다. 물론 인세보고를 잘 안하는 불투명한 출판사도 일부 있다.

원고마감 후 책 출간 일정

저자의 원고마감은 불확실하기도 하다. 저자 입장에서는 변명거리가 많다. 그러나 동업자 정신을 생각한다면 출판계약 시 선인세 계약금을 받으면 당장 그날부터 원고쓰기를 시작해야 한다. 저자의 원고 마감만큼이나 불확실한 것이 출판사로 원고가 들어간 다음부터의 일정이다. 출판사 입장에서는 출간해야 할 책이 많아서 점점 밀리다보면 아예 출간이 지연되다 못해 출간 자체가 취소되는 경우도 있다. 이를 방비하기 위해 출판계약 시 저자의 원고마감 이후 출간 일정을 조율하고 문서화해 두는 것이 좋다. 출판계약 시 관행적으로 출판사는 1년 안에 출판하도록 되어 있다. 그런 형식적인 조항을 쓰는 것 외에도 출판사 사장이나 편집장과 실제 원고마감 이후 책이 출간되는 일정을 사전에 협의해 두는 것이 매우 중요하다.

출판권 설정 및 기타 저작권 사용 계약서

저작물의 표시

제호(가제) :

저작재산권자의 표시(갑)

성　　　명 :　　　　　(인)
주민등록번호 :
주　　　소 :
전 화 번 호 :
E - m a i l :
계 좌 / 은 행 :

출판권자의 표시(을)

Tel : 02) 325-6693
Fax : 02) 325-6641
대　표 :

위 저작물을 출판함에 있어, 저작재산권자　　　을(를) 갑이라 하고 출판권자　　　을(를) 을이라 하여 다음과 같이 약정하고 신의와 성실로써 이 계약을 준수하기로 다짐합니다.

2016년　월　일

: 저자가 출판사와 맺는 출판권 설정 계약의 본질은 자신의 저작권을 출판사가 행사하는 출판권을 독점적으로 보장하는 것에 있다.

인세에 관한 모든 것

책을 쓰면 인세를 받는다. 앞에서 인세요율과 지급시기에 대해서 언급했는데, 인세는 저자 입장에서는 중요하기에 여기에서 좀 더 자세하게 다뤄보고자 한다.

합리적인 인세지급 출판사를 고르자

필자가 거래해 본 출판사 중에 다산북스도 합리적인 인세정산 시스템을 갖고 있다. 1년에 4회 분기별로 인세정산 원칙을 갖고 있는데 만일 한 달 인세정산 금액이 100만 원을 넘어가면 매달 인세를 지급한다. 저자 입장에서는 분기별로 인세를 파악해 볼 수 있고 책이 잘 팔리면 곧 인세도 받을 수 있어 동기부여 면에서 꽤 끌리는 정산 시스템이라 볼 수 있다. 매달 혹은 분기별로 인세를 정산하고 엑셀 파일로 정리하여 이메일로 보내주니 간편하게 출간한 책의 판매 동향을 체크할 수 있다.

저자는 인세정산 후 받게 되는 인세금액에 관심이 더 있다. 하지만 인세보고 후 받게 되는 책 판매현황으로 저자의 앞으로의 집필 유효성을 제고해 볼 수 있으므로 잘 살펴보아야 한다. 인세보고는 저자의 앞으로의 집필에 대한 방향제시와 동기부여의 의미라는 점을 출판사에서는 숙고해야 한다.

국내 출판계약서 조항을 살펴보면 거의 동일하게 저자가 원하면 인세를 보고 해야 하는 의무를 명시하고 있다. 따라서 인세보고는 저자의 요구가 없더라도 미리 출판사에서 고유한 서식으로 체계화시킬 필요가 있다.

J 출판사에서 인세를 정산하는 방식은 체계적이지 못하다. 정해진 주기 없이 불쑥 전화로만 정산내용을 설명하고, 문서로 확인시켜주는 법이 없다. 아쉽게도 J 출판사에 대한 저자의 신뢰도가 낮아 차기 책 진행이 원활치 못하다.

H 출판사는 인세보고에 원칙이 없다. 매번 인세지급을 독촉해야 인세를 정산하는데 정산 시에만 A4 용지의 인세보고서를 이메일로 보내온다. 좀 더 자세한 인세보고서를 요청하면 알아보기 힘든 엑셀 파일을 보내주는데 그 내용을 이해하기 위해서 매번 많은 시간을 소모한다. 출판 에이전트도 어려운데 저자들은 더욱 이해가 힘들겠다고 생각했다. 의도적으로 저자들이 이해할 수 없는 문서를 보내는 것은 출판사의 속내가 아닌가 하는 의심이 들 정도였다. 한번은 저자들이 모이는 송년모임에 참석한 적이 있었다. 책 출간과 관련해서 이런저런 이야기를 나누다 책 인세에 대해 화제가 모

아졌다. 참석한 저자들은 이구동성으로 출판사 인세의 불투명성을 성토했다. 그중에는 오해인 경우도 있었는데, 저자들의 불신감은 출판사가 초래한 일이 아닌가 싶다.

한번은 H 저자에게서 다급한 전화가 왔다.

"김대표, 혹시 내 저서를 인쇄소에서 새로 찍었는데 알고 있습니까?"

"아니, 그것을 어떻게 아시나요?"

H 저자의 이야기는 책을 낸 B 출판사의 인쇄소에 지인이 근무하고 있는데 H 저자의 책을 추가로 찍었다고 귀띔했다는 것이다. 필자가 곧 B 출판사 대표에게 전화를 하니 처음엔 전혀 금시초문이라는 반응을 보였던 대표가 한참 후 중쇄를 찍었다고 실토했다. 문학평론가와 박사라는 타이틀도 함께 갖고 있는 출판사 대표였는데, 사회적인 지위로 볼 때 참으로 부끄러운 행태가 아닌가 싶었다.

인세정산과 보고는 신뢰의 시금석이라 본다. 기본이 깨지면 기획과 편집도 소용없고 차기작은 물 건너간다. 눈에 보이는 약간의 불로소득을 위해 대의를 깨뜨리는 행동은 무척 어리석다.

한국출판인회의 주최로 열린 한 출판사 대표의 강의를 들은 적이 있다. 출판사 경영의 어려움을 이야기하며 약간 감정이 고조되다가 저자인세 얘기에 이르러서는 기존 저자의 인세율이 너무 높다고 열변을 토했다. 그러자 대부분이 출판사 편집자들인 수강생들이 아주 동조를 하면서 저자 인세율을 깎아야 한다며 맞장구를 치는데 보기 민망했다. 그들이 제시하는 저자의 인세율이 별로 객관적이지도 않았고, 출판 불황 타개의 일환으로 저자인세 깎기밖에 생각하지 못한다는 것이 성숙치 못해 보였다.

저자와 출판사는 상생의 관계

저자 인세에 인색한 출판사 치고 그리 경영을 잘하는 출판사는 못 본 듯하다. 저자의 가치는 제대로 존중해주고 출판사의 수익창출은 마케팅을 통해 실현하는 것이 선순환 구조로 이끄는 지름길이 되지 않을까.

필자는 인세정산과 보고를 등한시하는 출판사에 대처하는 방법을 잘 알고 있다. 보통 출판사는 물류업체를 통해 도서원장을 관리한다. 이 도서원장을 보면 책의 판매현황을 어느 정도는 파악할 수 있다. 필자가 이러한 물류시스템을 잘 이해하고 있어서 1인1책 저자들의 인세정산과 보고는 합리적으로 이뤄지는 편이다.

저자들도 지나친 선인세 욕심을 내려놓았으면 한다. 저자가 책쓰기를 통해서 얻을 수 있는 것은 인세가 전부가 아니다. 더 큰 가치를 보는 지혜로운 안목이 책을 통한 더 큰 부가가치를 가져다준다. 인세는 책 판매가 잘되면 계약에 근거해 나중에 모두 받으면 된다. 높은 선인세만 탐하고 콘텐츠는 뒷전인 몰염치한 저자가 되어서는 곤란하지 않은가.

편집자와 **파트너가 되어라**

책이 나왔다. 기대했던 바 보다 대박이 났다. 가장 즐거워할 사람은 누구인가? 당연히 저자다. 그런데 책이 흥행이 잘되든, 쪽박을 차든 가장 민감한 주체가 있으니 그 사람이 편집자이다. 편집자는 당신이 기획안을 메일로 보내거나, 출판계약을 하거나, 원고를 마감 했을 때, 또 출간을 전후해 책 홍보를 의논할 때 늘 함께 동석하는 역할을 부여 받은 사람이다.

숨어있는 고수인 편집자

저자 세계에도 강호에 고수가 숨어 있듯 출판 편집자의 세계에도 숨은 강자는 많다. 편집자의 기본 소양은 저자가 쓴 원고를 저자의 의도에 맞게 판단하여 손질하는 것이며, 교정교열은 기본이다. 또한 책의 포지셔닝이 어디인지 감별해내는 일이다. 와인에 감별사 소믈리에가 있듯 원고의 감별사는 편집자이다. 실제로 편집자 중에는 나중에 소설가로 데뷔해 작가로 대성한 이도 있다.

따라서 저자는 편집자를 우군으로 만들어 자신의 원고의 완성도를 한층 더 높일 수 있다. 여러모로 편집자와 좋은 관계를 맺는 것이 책 전반의 진행 상황에 도움이 된다. 얼마 전 자기계발 분야에서 베스트셀러를 여러 권 낸 N 작가가 자신이 쓴 원고는 편집자가 토씨 하나 건드려서는 안 된다고 강조하는 인터뷰를 보았다. 물론 작가의 입장에서 자신의 원고에 대한 자부심을 갖는 것은 좋으나 소설 분야도 아닌 비소설 분야에서, 편집자의 재량으로 원고를 수정하는 일을 이렇게 배타적으로 치부하는 것은 그리 좋은 태도가 아닌 듯 싶다.

책을 쓰는 일은 외로움과의 싸움이다. 혼자만의 고독한 시간을 고통과 싸울 때, 오아시스와 같이 힘이 되어줄 사람이 필요한데, 바로 편집자가 이런 역할을 해준다. 편집자와 파트너가 되기 위해서는 편집자의 유형을 잘 파악해야 한다.

능숙한 편집자 A유형

일을 참 잘하는 A유형의 편집자가 있다. 출판계도 좁아 그런 사람은 스카우트도 되고 인재로 평가 받기도 한다. 원고를 보는 안목도 다르다. 제목을 뽑는 것과 원고의 포지셔닝을 잘 해 출판의 결과물도 좋다. 그런데 이런 편집자는 저자보다 우위에 있는 듯한 태도를 보인다. 물론 대놓고 무시하는 것은 아니지만 저자는 세상에 얼마든지 있다는 식이다. 기획과 편집이 출판의 성공을 좌우한다고 굳게 믿고 있기에 저자의 능력이 부차적이라고 본다. 저자 입장에서는 선호하지 않는 유형일 수 있다.

성실하게 임무를 완수하는 B유형

오탈자 하나까지도 용납하지 않는 섬세함을 가진 B유형의 편집자가 있다. 오죽하면 편집증이라는 용어를 그들에게 쓰겠는가. 사실 편집자의 기본 소양은 꼼꼼함이며, 성실함은 최고의 덕목이다. 묵묵하게 자신의 일에 집중하는 편집자야말로 저자 입장에서는 편안하게 원고를 맡길 수 있다. 다만 여우보다는 곰의 유형에 가까워 저자가 다소 답답할 수 있다.

골통 편집자 C유형

모든 분야마다 골통이 있다. 편집자의 세계도 마찬가지이다. 제일 무서운 편집자인 C형은 본인도 잘 모르고 확신도 없으면서 저자의 원고를 갖고 산으로 올라간다. 이 산을 올라간 다음, '여기가 아닌가봐'라며 그 옆 산으로 올라간다. 자신의 임무와 역할을 잘 모르거나 못하면서 저자만, 오직 저자한테만 요구가 많다. 이런 폭탄형의 C형을 대하는 좋은 방법이 있을까. 아니다. 피하는 게 상책이라고 본다.

편집자를 만나 흥할 수도 있고, 망할 수도 있다. 편집자는 중요하다. 그런데 여기서 한 가지는 분명히 짚고 넘어가자. 가장 중요한 것은 당신의 원고다. 따라서 편집자 실력을 논하기 전에 본인의 원고에 대한 검증부터 스스로 엄격하게 하자. 실패는 당신 탓이고 성공은 편집자 덕분이라는 마인드라면 출판에 성공할 수 있다고 본다.

디자인, 인쇄, 유통에 대해 저자가 알아야 할 것

당신의 책이 원고마감 이후 편집 디자인을 거쳐 인쇄기계에서 찍혀 나오는 광경을 본적이 있는가? 인쇄된 종이를 받아들고 잉크냄새를 맡다보면 책이 만들어지는 과정의 종착역에 도착했구나 하는 생각으로 감회가 남다를 것이다. 원고의 교정교열이 끝나면 편집디자인과 인쇄제작을 거쳐 유통으로 이어진다. 이 세계는 사실 저자 입장에서 반드시 알아야 할 영역은 아니다. 하지만 저자가 출판의 전 과정을 알면 출판사와 소통이 원활하므로 꼭 필요한 것만 정리해 본다.

내지와 표지 시안 디자인을 확인

원고를 작성하는 것은 저자의 몫이지만 이 원고에 이미지를 곁들여 독자가 쉽고 편하게 읽을 수 있도록 책의 모양을 짜는 것은 북디자이너의 몫이다. 표지와 내지 디자인 시안을 만들어 저자와 상호 소통한다. 내지 디자인의 경우 책의 스타일을 규정짓는 일이라 선택에 신중을 기할 필요가 있다. 저자는 시안을 확인하고 의견이 있으면 전달하면 된다.

편집 교정은 3교(3차 교정)가 기본이다. 원고를 넘기면 출판사에서는 텍스트 파일부터 수정하기 시작해 어느 정도 완성되면 디자이너에게 넘긴다. 이때 편집자가 매만지는 텍스트의 수준이 편집자, 출판사의 실력이라고 볼 수도 있다. 만일 저자 원안이 그대로 넘어간다면 둘 중의 하나다. 저자의 원고 쓰기 실력이 워낙 출중해 손을 볼 필요가 전혀 없거나 아니면 편집자가 저자의 텍스트 원고를 볼 수 있는 안목과 실력이 없거나 이다. 출판사에서는 최근 인디자인 프로그램으로 북디자인을 한다. 1교(1차 교정), 혹은 2교(2차 교정)가 완성되면 저자의 확인을 거친다. 그때 신속하고 꼼꼼하게 마지막 수정을 하면 된다.

단행본은 주로 옵셋 인쇄

책은 인쇄 공정을 통해서 하나의 상품으로 재탄생된다. 책의 디자인을 거쳐 최종 인디자인 파일이 인쇄소로 넘어가 제작이 이뤄진다. 보통 단행본 인쇄는 옵셋 인쇄(Offset Printing)를 사용한다. 다른 문구로 '평판 간접인쇄'라고 하기도 한다. 요즘에는 필름 출력을 하지 않고 CTP(Computer To Plate)로 출력한다. CTP는 컴퓨터에서 인쇄용 PS 판으로 출력을 보내 인쇄판을 만드는 방식을 말한다.

책의 재질인 종이는 다양한 종류가 있다. 일반적으로 많이 쓰는 모조지를 비롯해 컬러 인쇄에 많이 사용하는 매트지 등 다양하다. 주로 출판사측에 일임하는데 경험이 많은 출판사는 최적의 종이와 인쇄기법 등을 이용해 책을 찍는다.

위탁판매가 기본인 출판유통

인쇄소에서 책이 찍혀 나오면 물류창고로 입고된다. 이곳에서 서점 물류 창고로 전해지고 독자에게 전달되는 유통경로를 밟는다. 시스템을 쉽게 이해해 보자. 독자가 R 온라인서점을 서핑하다 A 제목의 책을 구매했다. R 온라인서점에서는 A제목의 책을 펴낸 B 출판사로 주문서를 넣고, B 출판사에서는 자신이 거래하는 물류업체로 연락해 주문서를 보낸다. 그러면 그 물류업체에서 R 온라인 서점물류센터로 책을 배송한다. 마지막으로 R 온라인서점 물류센터에서 독자의 주소지로 책을 전달한다. 이런 유통구조를 위탁판매라 명명한다. B 출판사에서는 공급요율을 60 퍼센트 정도로 서점에 공급한다. 즉 1만 원짜리 정가의 책은 6천 원 정도에 공급되고 나머지 요율은 서점의 몫이라고 보면 된다.

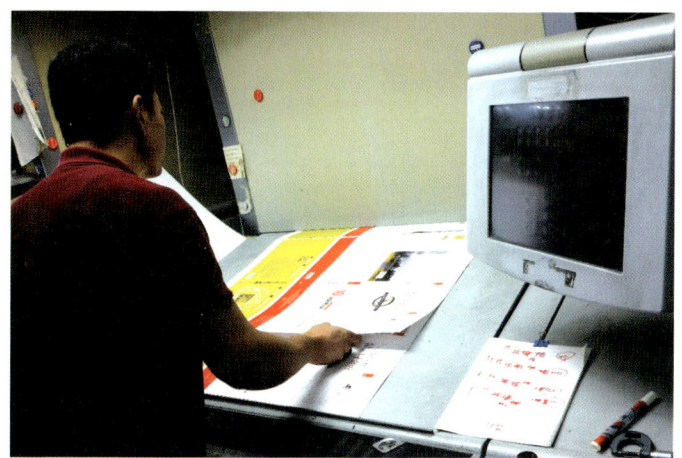
: 인쇄소 직원의 교정보는 모습

Part 4

책쓰기만의 요령이 따로 있다

지옥의 펑고와 글쓰기

지난 2015년 프로야구계의 화제는 단연 한화 야구팀이었다. 이른바 '마리한화'라 불리며 전국구 구단의 위상으로 인기를 모았다. 그 한가운데 김성근 감독이 있었다. 김 감독은 프로야구 선수들에게 혹독한 훈련을 시키는 것으로 유명하다. 김 감독은 내외야 수비수를 대상으로 지옥의 펑고를 치고 선수들은 단련된다. 지옥 훈련을 경험해 본 선수들은 고개를 절래 절래 흔들기도 하지만 자신의 기량이 향상되는 것을 느끼고 한계를 극복하기 위해서 기꺼이 노력 한다. 그 성과는 한화의 승리로 나타났다. 선수들의 인내가 좋은 결과를 낳는 것이다.

집중력을 갖고 하루 200매 쓰기에 도전

책쓰기 역시 마찬가지다. 얼마 전 필자 역시 써야 할 원고량이 꽤 많이 남아 있었지만 바쁜 와중에 거의 집필을 하지 못했다. 남아 있는 시간은 토요일 하루, 200매 분량을 써야 하니 거의 불가능에 가까웠다.

이때 K작가가 멘토링을 해주었다. 인간에게는 자신이 알지 못하는 숨겨진 초능력이 있다고, 도전해 보라고 조언을 해주었다. 한번 도전해 보자는 오기가 발동했다. 스무 살 이후 글쓰기와 직간접적으로 관련된 일을 해 왔는데 포기하자니 자존심이 허락지 않았다. '한번 가능하지도 않겠는가?'라는 생각으로 도전했다.

아침 6시 30분에 일어나 집중력을 갖고 원고쓰기에 돌입했다. 저녁 8시, 200자 원고지 200매 이상을 썼고, 출판사에 보란듯이 원고를 보낼 수 있었다. 마감 전 두달 동안 쓴 원고 분량보다 하루치의 원고량이 더 많았다. 참 짜릿한 순간이었다. 그리고 무엇인가를 해냈다는 자부심이 충만했다.

글쓰기에 10분을 투자하라

매일 글을 쓰다보면 글쓰기 실력이 는다는 것은 대부분 알고 있다. 그러나 평소 사람들이 실천하지 않는다. 거의 써 본적이 없기에 책쓰기에 막상 도전해 보려고 하면 막막해 한다. 하지만 정말 10분이라도 시간을 들여 매일 글을 쓰다 보면 스스로의 잠재력에 놀랄 것이다.

앞에서 글쓰기 교육 때 10분 동안 A4 용지 한 장을 채우던 교육생들의 사례를 들었다. 그들도 자신의 잠재력을 모르고 있었다. 10분도 시간을 못

내면서 책 출판에 도전하겠다는 사람은 두 다리를 기브스하고 무전 여행에 나서겠다는 사람에 비유할 수 있다. 써보라, 그러면 A4 한 장을 쓸 것이고, 100장이 모일 것이다. 그렇게 책 한 권이 된다.

일상 시간을 구조조정해라

1인1책에 뛰어들었다고 해서 책을 쓸 수 있는 것은 아니다. 직장을 다니는 사람들의 경우 그 자체로 충분히 피로할 것이고 정신적인 에너지가 고갈된 상태에서 책을 집필하는 에너지를 새로 생성하는 것이 쉬운 일은 아니다.

하루는 24시간이다. 정해진 시간을 직장에서 보내고, 일상을 맞이한다. 1인1책은 평범한 일상에서 이뤄내야 할 일이다. 당연히 시간을 구조조정해야 한다. 퇴근 이후 해야 할 일이나 만나야 할 사람들, 즉 인간관계 등을 확실하게 끊고 맺지 못하면 시간을 많이 소모하게 된다. 집필할 시간을 낼 수 없음은 자명하다.

필자는 10년간 새벽에 수영을 하고 있다. 출근 이후 출판기획을 해오는 일상이 10년째이다. 그런데 최근 〈1인1책, 베스트셀러에 도전하라〉를 비롯해서 대필 등의 집필 활동이 새로 추가됐다. 당연히 내 일상 시간을 구조조정할 수밖에 없었다. 10년간 이뤄지던 주 5일 근무제에 변화를 주어 토요일을 반일 근무제로 바꿀 수밖에 없었다. 또한 대학 동기모임 등에 나가지 못해 동창들의 원성을 샀다. 그런데 별 수가 없다. 1인1책이란 명제에 도전하면서 전에 했던 일상을 그대로 유지하면 책쓰기 결과물은 나올 수가 없다.

: '마리한화'라는 별명으로 인기를 얻은 한화구단

프로야구 한화의 경기를 보면 가슴이 짠했다. 지옥의 펑고를 받아내면서 끊임없이 훈련하고 자신을 단련하는 한화 선수들이 떠올랐기 때문이다. 책쓰기 역시 지옥의 펑고 과정이다. 당신이 몸담고 있는 직장이나 생업을 버리지 않고 더불어 책쓰기에 도전하는 일이기 때문이다. 그 과정은 힘들 수밖에 없다. 하지만 결과로 얻어지는 과실은 꽤 달다.

📖 책쓰기는 100미터 달리기가 아닌 **마라톤**

책쓰기는 마라톤이다. 42.195 킬로미터를 뛰는 마라톤은 자기와의 싸움이다. 100 미터 달리기는 순간적인 역주가 필요하지만 마라톤은 인내와 기초 체력, 지구력이 중요하다.

책쓰기 과정도 마라톤만큼 힘들다. 일단 분량이 많다. 보통 글쓰기라 하면 A4 용지 한 장 정도의 내용으로 족하다. 칼럼이나 편지, SNS 포스팅 등이 그러하다. 책쓰기는 다르다. A4 용지 100장 내외면 단행본 한권의 분량이 나온다. 내용이 많으니 글쓰기에 투자하는 물리적인 시간이 많이 들어간다. 따라서 원고를 쓰는 시간을 확보해야 한다.

자투리 시간을 활용해라

책 출간을 많이 하는 저자치고 원고 쓰기에 들어가는 시간을 적게 투여하는 사람을 본적이 없다. 그 사람들은 시간이 많은가? 절대 그렇지 않다. 그 저자들은 누구보다도 바쁜 사람이다. T 저자는 1년에 강연을 250여회 하는 전업 강사다. 그는 분주한 일상 속에서 자동차를 운전하는 틈틈이 녹음기를 이용해 책을 쓸 아이디어와 문구를 녹음한다. 강연을 마치고 집에 돌아오면 녹음을 풀어 자신의 집필을 이어간다.

T 저자는 하루에 여러 고객들과 만나는데 약속 시간을 기다리면서 카페나 차 안에서 짬을 내 자신의 원고를 고치거나 수첩 등에 글감을 기록한다. 대한민국에서 가장 바쁜 사람 중의 한 명이지만 저술 역시 많이 할 수 있는 비결이 여기에 있다.

새벽 시간을 잘 이용하는 저자도 있다. 필자만 해도 아침형 인간이라 새벽에 집중력이 높은 편이다. 새벽에 글을 쓰면 진도가 잘 나간다.

바쁘기 때문에 책을 쓸 여력이 없다고 이야기하는 사람을 참 많이 보았다. 대부분 아직까지 1인1책을 하지 못한 사람이다. 물론 그들도 바쁘다. 핵심은 모두 분주한 가운데 자투리 시간을 활용해 책을 쓰는 사람과 바쁘다는 핑계로 책을 쓰지 못하는 사람으로 나뉜다는 것이다. 원고를 쓸 물리적인 시간을 확보하지 않으면 책은 쓸 수가 없다.

긴 호흡으로 나서야 성공

100미터 달리기에 비유할 수 있는 글쓰기와 긴 인내를 요하는 마라톤에 비유할 수 있는 책쓰기는 엄연히 다르다. 글쓰기 과정에서는 문장력과 어휘, 글감 등을 배운다. 그 과정을 배웠다고 책쓰기가 저절로 되는 것이 아니다. 책쓰기는 큰 메시지 하나를 갖고 작은 꼭지를 일관성 있게 배열하는 지난한 작업이다. 글쓰기는 책쓰기 범주 안에 들어있는 영역이다. 100미터 달리기에 우승한다고 해서 마라톤에서도 좋은 성적을 거둘 수는 없는 것처럼 글쓰기가 능해도 책쓰기를 잘 한다는 보장은 없다. 단편적인 글쓰기를 잘했다고 책의 내용이 좋아지는 것은 아니다. 책쓰기에는 큰 메시지를 끊임없이 지속할 수 있는 긴 호흡이 중요하다.

한계만 벗어나면 매력에 빠진다

마라톤을 하다가 힘들다고 중간에 누군가 대신 뛰어 주지 않듯이 책쓰기도 누군가 대신해 줄 수 없는 나만의 고독한 작업이다. 나 홀로 하나의 관점을 갖고 50여개 내외의 꼭지를 써내려가는 과정이다. 가끔 책쓰기를 하다보면 '내가 왜 이런 고된 길로 들어섰나?' 후회하기도 한다. 하지만 고된 원고작업 후 출판된 책을 보며 얻게 되는 뿌듯한 자부심을 생각해 보면 지금 이 고통을 견딜 수 있다. 또 출판 이후 얻게 되는 유무형의 부가가치를 떠올리면 힘이 생기기도 한다.

또한 책을 쓰고 출판을 한다는 것은 자신의 모든 것을 내놓아야 하는 일이다. 1인1책 일대일 코칭을 하다보면 책쓰기의 열망은 강한데, 자신의 스토리를 감추려는 경향을 보이는 사람들이 있다. 그들은 자신을 드러내지 않고 출판을 하고 싶다고 말한다. 자신의 모든 것을 가감 없이 벗어 던지는 자세야 말로 책쓰기의 기본자세라 할 수 있다.

마라톤 선수의 인터뷰를 보면 30킬로미터를 지나 한계점에 도달한 이후부터는 오히려 카타르시스와 같은 감정을 갖게 된다고 한다. 책쓰기에 도전하라. 물론 고통이 따르지만 한계를 벗어나면 책쓰기의 매력에 흠뻑 빠질 수 있다.

마라토너 전업작가 이여신 작가

시댁과 함께 사는 여건, 전업으로 생활하는 여성작가의 경우 녹록치 않은 형편이 된다. 가사와 일을 병행하다 보면 집중력을 가지고 일하기가 쉽지 않다. 하지만 이여신 작가는 그런 불리한 여건에서도 마라토너의 인내를 갖고 여러 번 결승점을 통과했다. 이 작가는 마라톤을 뛰면서 돌부리에 채여 쓰러지는 듯한 곤경에 여러 번 처했다. 말하자면 극한의 시기가 자주 찾아 온 것. 역경을 딛고 꾸준하게 레이스를 전개한 바 1인1책과 함께 기획한 《그림으로 들어간 사람들》(예문당)이 예술 분야 베스트셀러에 등극하며 성과를 낸 바 있다. 또한 《그림에 차려진 식탁》(예문당), 《특목고 엄마들》(팜파스) 등 1인1책 기획물을 저술했고 이밖에도 역사와 교육 콘텐츠에 강한 작가이다. 늘 어렵고 힘든 현실에도 이 작가는 미소를 잃지 않는다. 그녀는 1인1책과 함께 마라톤 레이스를 계속 할 것이다.

📖 정보와 자료수집

책쓰기를 하면서 부딪치는 문제가 정보와 자료수집이다. 다양하게 수집한 정보들은 당신이 쓰는 책의 콘텐츠를 매우 풍부하게 만들어줄 좋은 재료가 될 수 있다. 비즈니스와 경제 분야(비즈)에서 1년에 1~2권 이상을 저술하는 F 작가가 있다. 그의 지론이 '풍부한 자료를 수집해야 책의 콘텐츠가 풍성하게 된다'이다. 그는 자신은 물론 몇 명의 직원과 함께 자료를 수집한다. 직원의 자료수집 덕에 그는 시간도 줄이고 콘텐츠도 좋아지는 이중의 장점을 갖고 있다.

메모 수첩과 녹음기능 활용

책쓰기에서 정보와 자료수집이 차지하는 비중은 크다. 자료수집은 크게 메모와 취재, 인터넷 검색 등으로 나눌 수 있다. W 작가의 경우 작은 수첩을 갖고 다니면서 늘 메모하는 것이 습관화 돼 있다. 언제 어디서든 갖고 다니는 메모 수첩이기에 그 양도 어마어마하게 많다고 한다. 재밌는 것은 W 작가의 경우 원고청탁을 받으면 서재에 있는 항아리에 던져진 메모 수첩 중 하나를 꺼내 그 안에 있는 내용을 소재로 활용하여 원고를 쓴다고 한다. 어떤 주제이든지 수첩에 메모되어 있는 내용과 연결해 글로 만들어낸다는 것이다. 참 고수다운 메모 습관이라고 볼 수 있다.

필자의 경우 기자 출신이라서 취재능력이 있다. 책쓰기에도 취재능력은 매우 필요하다. 답답한 대목에서 해당 분야의 전문가에게 얻는 정보는 책쓰기의 귀한 자원이 될 수 있다.

또 다른 C 작가는 강연 등으로 바쁘면 운전하는 중이나 잠시 쉬게 되는 휴게실에서 스마트폰의 녹음 기능을 활용해 메모성 녹음을 한다. 이런 녹음 파일을 묶어서 책쓰기에 활용하는 방법으로 책쓰기에 나선다.

유튜브 동영상도 요긴해

인터넷 검색도 자료수집에 큰 역할을 한다. 워낙 검색 기능이 좋아져, 개념을 알기 위해 접근할 때 인터넷 검색은 매우 요긴하다. 특히 유튜브의 등장으로 동영상을 통한 지식습득이 가능해졌다. 책쓰기의 기초 자료로 활용하는데 손색이 없다. 다만 인터넷 검색으로 신뢰도 높고 깊이 있는 정보까지 얻을 수는 없다. 그건 도서관의 책이나 신문, 잡지 등으로 보충해야 한다. 비즈니스와 경제 분야의 한 저자는 최근 활발해진 팟캐스트 방송을 많이 든다. 경제 관련 프로그램을 들으면서 경제이슈를 정리하고 자신이 쓸 분야의 소재를 얻기도 한다. 다만 아무리 귀중한 자료라도 내가 쓰려는 책에 필요하지 않다면 과감하게 버려야 한다. 너무 많은 자료가 당신의 발목을 잡을 수도 있다.

인용 자료는 출처 표시 꼭 해야

수집된 자료를 인용할 때는 출처를 밝혀야 한다. 특히 인터넷을 통한 자료검색은 가장 쉬운 방법이지만 무조건 인용한다면 위험할 수도 있다. 비즈니스 관련 책을 기획할 때 주식 관련 저자가 인터넷 자료에 너무 의존해서 이미지를 다운받아 책으로 엮으려고 했다. 이때 저작권을 알고 있는 필자가 이미지를 그대로 쓰면 저작권법 위반이라는 것을 강하게 주지시켜 다른 방향을 모색하기로 했다. 인터넷 검색이 장점은 있지만 출처 명시나 저작권법 등의 바른 대처가 필요한 상황이다.

탁월한 자료분석가 이동조 저자

창의교육그룹 아이디어코리아 이동조 대표는 25년 경력의 언론기자 출신이며 창의성 강사이면서 10여 권의 책을 낸 저자이다. 특히 필자와 함께 기획한 창의성에 대한 기존 개념을 완전히 뒤집어 심플한 인문학적 공식으로 정립한 〈창의방정식의 비밀〉(나눔북스)이 대표작인데, 대학과 기업 특강에서 인기를 누리고 큰 화제를 모으고 있다. 창의공식 하나로 생활현장에서 기업의 창조경영에 이르기까지 매순간 누구나 창조적인 사고를 할 수 있도록 돕는다.

이 대표가 기자, 저자, 기획자, 아이디어 코치, 강사 등 다양한 활동을 동시에 하며 혁신적인 사고를 할 수 있었던 건 수많은 자료를 관리 통합하고 분석하는 능력이 탁월해서였다. 그는 대학 1학년 때부터 신문기자가 됐다. 평생 취재와 자료수집을 통해 정보를 모으고, 책과 다양한 미디어를 통해 드러난 정보를 조합하여 그 안에 의미 있는 맥락을 찾아내고 창조적인 솔루션을 찾아낸다. 이 대표가 가지고 있는 자료분석 노하우는 무엇일까? 바로 '아이디어 블로그'이다. 대학졸업 후 본격적인 주간지 기자를 시작하면서 관심있는 분야부터 평소 데이터를 체계적으로 관리하는 비밀 블로그를 운영하기 시작했다. 포털 블로그에 자신만 볼 수 있는 방을 개설하고 관심 카테고리를 만들어 언제 어디서든 해당 정보와 아이디어들을 10년 넘게 수집하고 관리해 왔다. 비밀방이기 때문에 남들에게 공개하지 않으니 특별히 외양에 신경 쓸 필요없이 좋은 정보라고 생각하면 단 1~2초 만에 즉시 해당 카테고리에 스크랩해 올린다. 언제든 새로운 아이디어가 떠오르면 해당 테마에 메모해 둔다. 자신이 쓴 기사는 빠짐없이 복사해 넣고, 상담을 통해 받는 다양한 질문이나 답변 내용도 그대로 옮긴다.

끊임없이 정보가 쌓이다 보면 어느 순간 이런 데이터베이스들이 저절로 새로운 정보를 생산하기 시작한다. 새로운 기사나 칼럼이 여기에서 뚝딱 창조된다. 컨설팅이 필요할 때는 해당 카테고리의 자료분석을 통해 코칭솔루션이 즉각 나오고, 강연자료가 필요하면 이 블로그의 데이터분석을 통해 순식간에 PPT 강연 슬라이드가 튀어나온다. 어느 순간 책 한 권이 탄생하기도 한다. 물론 이 모든 창조물들은 다시 이 블로그의 데이터 값으로 환원된다. 이 블로그는 현재 아이디어코리아 사이트(www.ideak.co.kr)에서 이어지고 있다.

이러한 자료분석력을 기반으로 1인1책과 협력해 〈감칠맛 전략〉(동아일보), 〈20대 공모전에 미쳐라〉(전나무숲), 〈히든카드〉(팜파스), 〈믹스〉(엘도라도), 〈스티브 잡스의 창의성을 훔쳐라〉(아르볼), 〈나도 공모전에서 대상 탈 거야〉(예문당), 〈창의방정식의 비밀〉(나눔북스), 〈1일1독서의 힘〉(팜파스) 등의 책을 저술했다.

데이터 분석은 책쓰기 과정에서 가장 기본적이고 핵심적인 능력이다. 어떤 특정한 관심무대를 설정한 후 그 안에 다양한 데이터가 모아지고 분류되고 통합되고 어느 순간 새로운 데이터와 조합되면서 특별한 메시지를 찾아가는 게 책의 콘셉트이기 때문이다. 이 대표는 데이터의 소중함을 알고 데이터 앞에서 겸손하고 그 속에 위대한 황금이 숨어있다는 걸 안다. 그것이 그가 최고의 데이터분석가가 될 수 있었던 비밀이다.

책쓰기를 끝내고
쓰는 **머리말**

독자들이 책을 선택하는 중요한 기준 중의 몇 가지가 표지, 저자 프로필, 목차라고 앞에서 강조했다. 또 하나 빼놓을 수 없는 요소가 머리말이다. 필자 역시 머리말을 쓸 때 고민이 많고 어렵다. 그런데 머리말을 작성할 때 명심해야 할 것이 있다. 머리말은 원고를 모두 작성한 다음 쓰는 것이 좋다.

한 권의 책을 쓴다는 것은 긴 여정이다. 진행과정에서 목차도 바뀌고, 주제도 흔들릴 수 있다. 따라서 모든 원고를 작성한 후 출판사의 원고 피드백까지 받고 나서 머리말을 쓰면 좋다. 머리말에 책을 다쓴 다음 주위 사람들에게 인사 정도만 남기는 안이한 생각을 갖고 있는 예비저자라면 그런 마인드를 빨리 바꿔야 한다.

책을 읽을 동기부여를 확실히 해줘야

머리말에서 독자들에게 책을 읽을 동기부여를 확실히 심어주어야 한다. 단 몇 페이지로 독자를 휘어잡고, 책을 선택하게끔 유도하는 일이 머리말을 쓰는 취지이다. 독자의 입장에서 머리말을 읽어본다고 가정하자. 바쁜 시간을 쪼개 서점을 방문해 책을 집어들고 제목과 목차까지 읽는다. 짧은 시간 책을 선택할 수 있도록 머리말에서 책의 메시지를 분명하게 적어줘야 한다. 독자가 어서 마음의 결정을 할 수 있게 도와주어야 한다. 머리말은 저자의 목소리를 접할 수 있는 곳이다. 독자를 친절하게 맞이하고 본론에 앞서 독자에게 이 책은 읽어볼만한 하다고 설득하는 공간이다. 가장 핵심적이고 중심적인 저자의 주장이 나타나야 독자를 움직일 수 있다. 머리말을 작성하는 정해진 형식은 없다. 다만 천편일률적인 내용보다는 저자의 감정을 실어 참신한 내용으로 구성하면 좋지 않을까 싶다.

국내에서 가장 많은 책을 쓴, 250권의 머리말을 쓴 바 있는 고정욱 작가의 〈인문학 따라쓰기〉의 머리말을 살펴보자.

현대인은 외롭다. 하루 종일 직장이나 일터에 머물지만 파티션 넘어 마음 열고 대화 나눌 동료 한 사람 갖고 있지 못하다. 있는 것이라곤 그저 영혼 없는 업무 관련 대화와 한 공간에서 일정 시간 함께 머문다는 것뿐이다.

이럴 때 마음 붙일 곳을 찾아 마음이 방황한다. 영화나 드라마를 보면 공허하고 보는 그때뿐이다. 음악을 들어도 마찬가지다. 속을 털어 놓을 사람을 찾지만 그들은 언제 나의 이야기를 다른 곳에 가서 옮길지 모른다. 그렇다고 모든 마음의 문을 닫아걸고 들어앉을 수는 없다.

이런 우리에게도 진정한 친구가 있다. 그것은 바로 나 자신이다. 이덕무는 그의 글 '선귤당농소'에서 이렇게 말했다.

새벽에 눈이 온 날 혹은 비가 내리는 저녁에 좋은 친구가 오질 않으니 누구랑 더불어 이야기를 나누겠는가.
시험 삼아 내 입으로 글을 읽으니 이를 듣는 건 나의 귀다.
내 손으로 글씨를 쓰니 이걸 감상하는 것은 내 눈이다.
내가 나를 친구로 삼았으니 무엇이 부족한가.

내가 나에게 이야기하고 나의 글을 보고 쓰면 된다. 외로움은 아무 의미가 없다. 내가 나와 친구가 되기 때문이다.
컴퓨터 자판만을 두드리던 손의 기능을 되찾아야 한다. 그걸 위해서는 필사만이 답이다. 좋은 글을 골라 읽고 쓰면서 나의 마음을 가다듬는 일.
그간 나는 수없이 많은 책과 글로 세상을 어지럽혔다. 재주는 얕고, 생각은 늘 짧았다. 그러면서 고집스럽게 나의 일을 이어 나갔다. 이쯤에서 인문학의 고전을 읽으며 선인들의 고뇌를 내 것으로 받아들이는 작업이 필요했다. 그것은 나의 초심을 확인하는 일이기도 했다.

동서고금의 고전 작품들의 좋은 글귀만을 추려서 필사할 수 있게 다듬는 일은 결코 쉬운 일이 아니었다. 하지만 선인들의 금쪽같은 경구와 문장이 나를 힘내게 했다. 시간 날 때마다 나의 손끝으로 한 구절 한 구절 따라 쓰면서 음미하다 보면 그 글귀가 나의 마음에 새겨질 것이다. 내 마음에 새겨진 글귀는 힘들고 어려울 때 감로수다. 선택의 순간에 나를 붙잡아주는 이정표이고 어둠 속의 등불이 되리라 믿어 의심치 않는다. 혹여 만에 하나 원문장의 의도를 잘못 전달했을 경우 독자들의 많은 질정 바라 마지 않는다.

2015년을 보내며 북한산 기슭에서

고정욱

이 머리말에서는 인문고전을 엮은 고정욱 작가의 속마음이 진솔하게 그려진다. 고작가는 머리말 쓰기를 원고마감 후 작성한다는 원칙을 갖고 있다. 그동안 수없이 많은 책을 출간하면서 얻은 노하우이다. 그는 이 책에서 인문고전 필사를 해보고 싶은 독자들의 마음을 잔잔하게 자극한다.

또다른 머리말을 들여다보자. 유시민 저자가 쓴 〈어떻게 살 것인가〉의 서문이다.

> 비행기가 곧 착륙한다는 안내 방송이 들린다. 읽던 책을 접고 창으로 밖을 내다본다. 겨울 햇살에 눈이 부시다. 다시 책을 들여다본다. 나는 셰릴 스트레이드가 쓴 논픽션 〈와일드〉 끝부분을 읽는 중이다. 멕시코 국경근처에서 출발해 시에라네바다 산맥과 캐스케이드 산맥을 따라 캐나다 국경까지 4,285킬로미터의 퍼시픽 크레스트 트레일 the Pacific Crest Trail을 홀로 걸은 셰릴은 콜로라도 강변에 발톱 여섯 개가 빠진 발을 편안하게 내려놓고 아이스크림을 빨아 먹는 중이다.
>
> 나는 조심스럽게 기지개를 켠 다음 등받이에 몸을 기댄다. 마음이 고요해진다. 비행기에서 책을 읽은 것이 도대체 얼마 만인가! 김포공항에서 김해공항까지 50분 동안 다른 생각은 하지 않고 독서에 몰입한 내가 자랑스럽다. 가슴에서 따뜻한 기운이 올라와 온몸으로 번져간다.
>
> 중략

이 머리말을 보면 구체적인 생생한 묘사가 돋보인다. 김포공항에서 김해공항까지 이어진 일상의 여행 경로를 묘사하는 장면이 이 책의 제목인 〈어떻게 살 것인가〉에 대한 왠지 모를 기대감을 갖게 한다. 머리말은 이처럼 본문을 읽어보고 싶은 마음이 들도록 유도해야 한다. 이 책을 집필하는 필자 역시 아직 머리말을 작성하지 못했다. 원고를 쓰는 내내 머리말에서 독자에게 어떤 동기부여를 해야 선택을 받을지 고민하였다. 이처럼 머리말은 책쓰기를 마치고 마지막으로 독자에게 던지는 도발적인 질문이 아닐까 싶다. "이 책을 선택하지 않으면 당신은 손해다."

📖 **저작권**을 모르면
공든 탑이 무너진다

요즘 저작권이 화두다. 비단 출판계뿐만 아니라 문화 콘텐츠 전반에 이르기까지 저작권의 중요성이 대두된다. 음악 작곡의 표절 문제는 미디어에 상시적으로 튀어나오기도 한다. 출판계에서도 저작권 관련 분쟁이 많다.

1년에 수십 권의 책을 낸다는 S 작가가 있다. 그 작가는 다작으로 유명한데, 몇몇 출판사에서는 기피 작가로 꼽히고 있다. 본인이 출판계약을 맺고 출간했던 책의 내용을 본인 이름의 다른 책에 그대로 실어 표절 시비에 휘말렸다. 또 출판계약을 맺은 출판사와 계약해지를 정확히 하지 않은 상태에서(받은 선인세를 돌려주지 않고) 타 출판사와 비슷한 내용의 책을 내 원래 출판사와 소액 재판에 걸려 벌금형을 받는 등 저작권 분쟁을 지속적으로 벌이고 있다.

저작인격권 침해 사례

K 출판사에서 실제로 벌어진 일이다. 필자는 개그맨 최양락씨에게 〈유머 코드〉를 갖고 단행본 쓰기를 제안했다. 침체기를 딛고 재기를 노리던 최양락은 필자의 적극적인 구애로 책을 쓰기로 의기투합했다. 문제는 집필이었다. 최양락의 적극적인 협조와 인터뷰를 통해서 전문작가와 공동작업을 하기로 서로 합의를 했다.

필자의 사무실에 모인 최양락과 작가 그리고 필자는 〈인생은 유머러스〉란 콘셉트로 기획의도를 모았고, 견본원고를 준비해서 K 출판사와 출간을 계약했다. 당시 K 출판사가 그 기획의도와 목차, 그리고 견본원고를 승인한 것은 물론이다.

집필 작업이 쉽지만은 않았다. 원래 원저자와 작가가 공동으로 진행하는 일이 그리 녹록하진 않다. 뚝심으로 원고를 만들어 나갔다. 최양락씨가 살아 온 이야기를 자연스럽게 잘 풀어냈고 유머 콘셉트도 잘 살렸다. 초고를 출판사에 전달하고 피드백을 기다렸다.

보통 출판사에 원고를 넘기면 그 원고에 대한 피드백이 온다. 원고가 콘셉트에 완벽하게 부합하지 않는다든가, 원고분량이 짧다든가, 아니면 원고가 좋다든가 하는 반응이 있기 마련이다.

그런데 K 출판사에서는 가타부타 피드백이 오지 않았다. 가끔 출판사 담당자에게 연락을 했을 때 계속 검토 중이라는 이야기를 들어 필자는 초고가 별 문제가 없거니 생각했다. 서너 달이 지난 후 사단이 벌어졌다. 출판사에서 OK 원고(보통 출판사 편집진에서 검토 완료한 컴퓨터상의 텍스트 원고)라며 필자에게 원고 파일을 보내왔다. 최양락 저자의 지인에게 추천사를 받아달라는 명목으로 온 원고는 애초 필자가 마감정리한 원고와 전혀 달랐다.

초고 원고는 〈인생은 유머러스〉란 콘셉트였고 전체 4개의 파트중 하나가 〈이야기의 힘에 주목하라〉였다. 그런데 K 출판사 편집진이 교정한 원고는 한 파트에 불과했던 〈이야기의 힘에 주목하라〉란 내용이 전체 뼈대를 이루고 있었다.

K 출판사에 확인해보니 당시 사회적으로 스토리텔링이 대세이니 상업적인 면을 고려해서 트렌드에 맞게 원고를 대폭 수정했다는 것이다. 더 어처구니 없는 것은 출판사가 자체적으로 또 다른 전문 작가를 고용해 내용도 전혀 다른 것으로 뒤바꾼 것이다. 한마디로 소설을 쓴 것이다.

저자인 최양락 역시 극심한 불쾌감을 표시했다. "비록 전문작가와의 공동작업이었지만 애초 원고는 분명 나의 이야기이다. 허나 출판사가 바꿔버린 원고는 내 이야기가 아니고 내 스타일도 아니다. 이건 아니다."며 큰 실망감을 감추지 못했다.

이 문제는 초고를 단지 교정교열하고 윤문한 수준이 아니라 콘텐츠를 통째로 바꾼 출판사의 명백한 저작인격권 침해사례로 판단해 이를 출판사에 항의했다.

저작인격권이란 다음과 같다.

저작인격권(著作人格權)은 저작권의 주체와 분리할 수 없는 인격적 이익의 향수를 내용으로 하는 권리로서 저작재산권(著作財産權)과 구별된다. 이는 공표권(公表權), 성명표시권(姓名表示權), 동일성유지권(同一性維持權) 등으로 구성된다.

공표권은 그 저작물을 공표하거나 공표하지 아니할 것을 결정할 권리이다. 성명표시권은 저작물의 원작품이나 그 복제물(複製物) 또는 저작물의 공표에 있어서 그의 실명(實名) 또는 이명(異名)을 표시할 권리이다. 동일성유지권은 저작물의 내용 · 형식 및 제호(題號)의 동일성을 유지할 권리이다.

이러한 저작인격권은 그 권리의 성질상 당연히 저작자 일신(一身)에 전속(專屬)하므로 양도나 상속의 대상이 될 수 없다. 또한, 저작자가 사망한 후에라도 그의 저작물을 이용하는 자는 그 저작인격권의 침해가 될 행위를 해서는 안 된다. 공동저작물의 저작인격권은 저작자 전원의 합의에 의해서만 행사할 수 있다.

K 출판사에서는 저자의 동의를 구하지 않고 임의적으로 원고를 수정함으로써 저작인격권 중에서도 동일성 유지권을 침해한 경우로 출판사의 명백한 귀책사유인 것이다.

그리하여 K 출판사와는 계약해지 수순을 밟았다. 귀책사유가 출판사에 있었던 만큼 저자 선인세 등은 돌려주지 않았다.

최양락 저자의 책은 그 후 대림북스에서 〈두말할 필요없이 인생은 유머러스〉란 제목으로 나왔다. 대림북스와 계약하고 나서 최양락 저자의 애초 원고를 보내니 출판사 편집진의 반응은 '좋은 원고 보내줘서 고맙다'였다.

저자의 원고를 검토할 때 편집자는 저자가 쓴 원고에서 출발할 수밖에 없다. 이를 무리하게 가공하려다 보면 저자의 저작인격권을 침해할 수 있는 상상할 수 없는 실수를 할 수 있다.

애초 K 출판사의 담당 편집자는 유머와 스토리를 접목한 기획을 새로 만들고 거기에 걸맞는 저자를 찾는 것이 맞았다. 〈인생은 유머러스〉란 콘셉트를 수용해 놓고 유머와 스토리를 무리하게 결합한 기획과 원고를 만들려다가 무리수를 둔 것이다.

출판 콘텐츠는 기획편집자를 통해서 다양한 출판물로 새롭게 태어난다. 하나의 음식재료도 주방장과 요리방식에 의해서 갖가지 다양한 요리로 탄생하게 되는 것과 같은 이치다. 하지만 기획편집자가 만능은 될 수 없다. 모든 원고를 기획편집자의 기준대로 요리할 수 있다는 자만심은 때로는 앞서의 사례에서 보듯 저자를 불쾌하게 하고 출판사의 경영과 이미지에도 타격을 줄 수 있다. 이 주장에 동의하지 않는 기획편집자에게도 방법은 있다. 본인이 저자로 나서면 마음대로 기획에 맞는 글을 쓸 수 있다.

성공하는 저자들의
7가지 습관

20대 시절 스티븐 코비의 〈성공하는 사람들의 7가지 습관〉을 읽으면서 습관의 중요성을 크게 느꼈다. 그때의 기억을 떠올려 저자로 살아가기 위해 필요한 7가지 습관을 정리해 보았다. 이른바 성공하는 저자들의 7가지 습관. 모두 필자의 주관적인 제안이니 채택 여부는 여러분 마음이다.

1. 실행에 강한 저자가 되자

출판 에이전트에 종사하다보면 다양한 부류의 저자를 만난다. 원고의 질적인 면이나 마감 등에서 큰소리를 치는 저자가 종종 있다. 처음에는 자신 만만했지만 원고 마감 시기가 다가오면 꼬리를 내리고 심지어 잠수를 탄다. 애초 약속했던 SNS 홍보조차 열심히 하지 않아 출판사 관계자들의 애간장을 녹인다.

G 저자는 명성도 있고, 어떤 자리에서도 다양한 주제로 이야기를 매우 잘 한다. 여러 상식이 풍부해 저자로서 다양한 영역의 책을 집필할 수 있는 기본 자질을 갖고 있다. 집필계획서도 곧잘 만들어 기획 아이디어가 좋다는 평판도 듣고 있었다. 그런데 G 저자의 결정적인 약점은 원고가 안나온다는 것이다. 이런 저자에게 걸리면 원고마감은 2~3년에 한 권, 그것도 나오는게 다행이다. 저자의 말은 별로 중요하지 않다. 결과는 원고마감과 양질의 원고가 말해준다. 예비저자들이여, 입은 다물고 원고를 마감할 수 있는 실행을 중시하라.

2. 시간이 금이다

본업을 갖고 있는 상황에서 책을 쓰는 일은 두배 이상의 일을 해야 하는 구조이다. 절대적으로 시간이 부족하다. 친구 만나서 술 한잔 하는 낭만은 버려야 한다. 그런 낭만을 즐기는 것도 좋다. 하지만 저자가 되고 싶다는 비전은 포기하라. 그래야 공평한 인생이다. 모든 것을 다 가질 수는 없다. 하나를 얻으려면 다른 하나는 포기해야 한다. 시간의 선택과 집중이 중요하다. 자기 시간을 쪼개서 쓰는 사람만이 남의 시간도 귀중한 것을 안다. 쓸데 없이 남의 시간을 빼앗지 않는 사람이 자기 시간을 잘 사용하여 성과를 낼 수 있다. 당신은 1분 1초가 귀중한 사람인가. 책쓰기에 돌입하면 그 시간이 더 귀하다. 책쓰기를 시작했다면 그 귀중한 시간을 더 쪼개, 자료수집과 책쓰기에 할애해야 한다. 시간은 금보다도 소중하다.

3. 집중력을 기르자

　대학시절, 학보사의 기사를 마감하다 보면 원고 마감이 늦어지거나 심한 경우 인쇄소에 갈 때까지 원고가 나오지 않는 경우도 있었다. 이렇게 늘 쫓겨 긴장감 속에서 기사를 쓰다보니, 집중해서 원고를 쓸 수밖에 없었다. 필자는 원고청탁을 많이 했고, 받기도 했다. 그 경력이 20년이 넘는다. 길고 짧은 글의 원고청탁을 해보니, 7일이나 한달을 주는 원고마감 기간 중 실제 필자들이 원고를 쓰는 기간은 1~2일 내지 7일이다. 나머지 기간은 다른 일을 할 뿐이다. 원고를 쓰는 요령 중 하나는 집중력을 갖는 일이다. 물리적인 시간보다 얼만큼 집중하여 원고를 쓰느냐에 따라 원고의 분량과 결과물이 달라진다. 집중력을 기르기 위해서는 원고를 쓰는 시간에 그 일에만 매진해야 한다. S 저자의 경우 가끔 스마트폰이 불통되는 경우가 있다. S 저자의 집중 원고쓰기 시간이었다. 그렇게 집중하는 노력을 보여야 원고분량도 채워지고 마감도 맞출 수 있다.

4. 건강과 기획 아이디어를 얻으려면 운동이 최고

　만약 기획자의 길을 선택해 낮근무는 물론이고 매일 야근에 철야까지 불사했다면 필자는 기획자의 길을 포기했을 것이다. 이 일의 가장 큰 매력은 세상과 사람과 조우하는 일인데 책상 앞에서 자판만 두드린다고 기획 아이디어가 나오는 것이 아니다.

출판계하면 술자리의 자욱한 담배 연기가 익숙한 장면이지만 그런 것에만 취하다보면 나중에 남는 것은 허약한 심신이다. 스트레스 해소와 건강 유지를 위한 방법으로 규칙적인 운동을 권유한다.

필자의 경우 2007년부터 십년 넘게 매일 새벽에 일어나 수영을 하고 있다. 이제는 하루라도 수영을 안하면 컨디션이 나빠 업무에 지장이 있을 정도다. 어떤 후배가 말한 '인생에서 한 가지 운동을 평생 가지고 가면 그것도 복받는 거다'는 이야기를 십분 실천하고 있다. 그런데 운동이 좋은 이유가 또 있다.

아인슈타인은 "왜 나는 샤워 도중에 최고의 아이디어가 떠오를까"라고 말했다고 한다. 실제로 샤워나 수영, 자동차 운전 같은 반복 행동들은 논리적인 뇌를 창조적인 뇌로 바꿔준다. 필자 역시 수영장에서 1킬로미터 이상 쉬지 않고 수영을 하면서 기획 생각에 잠기는데 하루 중 가장 창의적인 아이디어가 샘솟는다. 옷을 갈아입고 나와 먼저 그 아이디어를 스마트폰 메모란에 입력한다.

각자가 생활하는 공간의 개념에서 생각해보자. 직장과 집에서 늘 같은 패턴을 반복하다 보면 새로운 아이디어가 나올 수 있겠는가. 물을 싫어하는 사람들은 산으로 가면 된다. 산을 오르면 가슴은 벅차오르지만 머리는 점점 비워짐을 느낀다. 수영이나 등산처럼 에너지가 소진되는 운동은 죽어도 싫어하는 사람들이 있다면 사무실과 집 근처를 산책하는 것도 소소한 운동으로 참 좋다.

최근 산책을 즐긴다. 특히 식사 후의 산책은 뇌에 충분한 산소공급을 주고 뇌세포를 자극해 뇌기능이 활발해진다고 한다. 혼자서 혹은 동료와 산책을 하다 보면 사무실에서 막히던 문제를 의외로 쉽게 해결할 수 있는 아이디어가 생기곤 했다. 사무실이나 집 근처를 산책하다 보면 평소에 안보이던 것들도 보이고 그것이 기획 아이디어로 연결되는 경우도 있었다. 금세기 최고 기획자 중의 한명인 애플의 스티브잡스도 산책을 즐겼다. 잡스 역시 산책을 즐기며 맥 컴퓨터와 아이폰, 아이패드를 구상하고 실현해 냈다. 건강에 좋고 아이디어를 얻을 수 있는 일석이조의 효과인 규칙적인 운동을 추천한다.

5. 취재를 통해 사람에게서 콘텐츠를 꺼내라

저자에게도 사람들을 만나서 그 사람이 갖고 있는 콘텐츠나 이야기를 끄집어 낼 수 있는 취재 능력이 중요하다. 보통 기자의 주업무가 취재인데 저자의 취재능력 역시 기자들 못지 않게 필요하다고 본다.

필자는 신문사와 잡지사 경력이 바탕이 된 취재력이 업무를 추진하는데 큰 도움이 됐다. 사람에게서 콘텐츠를 뽑아낼 수 있었기 때문이다.

각자가 가진 콘텐츠가 다르고 또 여러 가지 스타일이 다르다. 각자에게는 정해진 팔자가 있다고 한다. 거기까지는 아니더라도 사람마다 갖고 있는 성질이 다르고 내용이 다르니, 저자가 자료수집 방법의 일환으로 취재를 통해서 그것들을 끄집어 낸다면 책쓰기의 풍부한 소재를 얻게 되는 것이다.

6. 여행을 가면 기획 아이디어가 떠오른다

몇 년 전 당시 자동차 CF의 한 장면 '열심히 일한 당신, 떠나라'란 문구가 강렬했다. 열심히 일을 하고 주말을 이용해 가까운 근교라도 나가 바람을 쐬고 들어오거나 여유가 되면 국내외 가보지 못했던 곳으로의 여행이 필요하다. 혹자는 배부른 소리 한다고 타박할 수도 있다. 마감에 쫓기고 온갖 스트레스를 받는 출판인들의 현실에서 여행이 가당키나 하냐고 반문할 수도 있다. 책쓰기를 통해서 우리가 궁극적으로 얻고자 하는 것은 무엇인가. 행복 아닌가. 좀 누리기 위해서 여행을 떠나자. 아니 책쓰기에 가장 중요한 요소인 기획 아이디어를 위해서도 필자의 주관적인 생각이지만 여행은 필수라 본다.

좀 늦은 결혼을 한 필자가 결혼 전후를 비교해보면 여행문화가 차이가 있다. 총각시절 주말을 맞으면 술먹고 회포를 푸는 시기로 보냈다면 결혼 이후에는 근교나 비교적 장거리 여행을 자주 다녔다. 그런데 여행을 자주 다니다보니 한편으로는 휴식을 즐기고 다른 한편으로는 여행지에서의 생생한 현장을 경험하면서 전혀 생각지 못했던 새롭고 기발한 기획 아이디어가 자주 떠올랐다.

'열심히 하는 사람이 즐기는 사람을 당해내기는 어렵다'고 하지 않았던가. 여행을 즐기면서 저자의 관점으로 세상을 보면 책쓰기 아이디어는 지천에 깔려 있다. 그걸 보고 주워 담으면 된다.

7. 성공하려면 다른 기획자, 저자에게 점심을 사라

〈부자가 되려면 부자에게 점심을 사라〉(혼다 켄 지음/더난)는 백만장자들의 습관이나 비결을 적은 책이다. 저자 혼다 켄은 설문조사를 통해서 일본의 백만장자들이 자신들의 부를 어떻게 축적했는지를 독자에게 상세하게 소개한다. 혼다 켄이 부자가 되려고 부자에게 먼저 다가가 그들의 습관이나 경험을 얻기 위해 밥을 샀듯이, 좋은 저자가 되기 위해서 실력있는 동료 저자와 유능한 출판기획자에게 밥을 사라.

술자리가 더 진하지 않겠느냐고. 처음 좋게 시작한 술자리가 끝에 가서 좀 안좋게 흐르는 경향들이 있다. 술자리에서 티격태격하는 경우도 있는데 술을 먹고 이런저런 실수를 하면 멀쩡한 정신에서 수습이 어렵다. 또 친해지려다가 자기 몸만 상할 염려도 있다.

반면 밥을 먹는 것은 부담이 적다. 만원 짜리 한 두장이면 두 사람의 식사가 해결되고 오히려 영양가 있는 대화도 더 나눌 수 있다. 밥을 먹으면서 친해진 출판사 사장과 저자, 프리랜서 기획자를 만날 때가 많다. 한번의 식사자리가 여느 기획회의에서 머리를 싸매고 끙끙거리는 것보다 나을 때가 많았다.

출판관계자들과 꼭 만나라는 것은 아니다. 출판과 거리가 먼 직업의 사람들과 이야기를 나눌 때 공감대가 클 수도 있다. 일단 친해지기 위해서는 밥을 함께 먹는 것만큼 좋은 방법도 없다. 매번 밥을 사야 하냐고. 한번 밥을 사면 상대방도 답례로 밥을 산다. 그렇게 주고 받다 보면 집필 보따리도 함께 굴러온다.

책쓰기의 **천하무적**이 되어라

저자들의 경우 한 부류는 출판계약 이전에 원고를 거의 마무리하고 나서 출판사를 찾아 나선다. 반면 출판사와 계약 이후 본격적으로 책쓰기를 시작하는 저자도 있다. 어느 경우이든 책쓰기에 집중해 마감을 해야 출판으로 이어질 수 있다.

그런데 책쓰기를 시작한 후 마감이 이뤄지지 않는 경우가 종종 있다. S 예비저자는 책쓰기의 진도가 나가지 않는다고 필자에게 하소연한다. 그에게는 책쓰기에 집중할 수 없는 수많은 이유가 있었다. 먼저 일상의 업무가 매우 바쁘다는 것, 아내와 맞벌이를 하는데 가사분담이 많다는 것, 2주일에 한 번씩 본가에 가면 부모님들과 자신의 아내가 신경전을 벌인다는 등, 그는 마치 '책을 쓰는 것을 방해하는 100가지'라는 책이라도 쓰는 듯 이유들을 토로한다. 이러한 이야기를 들으면 필자는 예비저자가 공감되면서도 한편으로 그의 내부적 여건이 아직 책쓰기에 집중할 수 없는 상태임을 직감하게 된다. 여건이 나쁜 것이 아니라 마음을 다잡지 못했다는 뜻이다.

류현진이 천하무적인 이유

프로야구 메이저리그에 진출한 류현진 선수가 있다. 국내 KBO리그 투수 부문을 석권하고 미국에 진출해 2년 동안 뛰어난 성적을 거두었다. 그가 메이저리그에서 성적이 좋고 연봉이 높은 이유는 공을 잘 던지기 때문이다. 그가 집중해서 공을 던지면 타자가 치지 못한다는 것, 바로 그것 때문에 천하무적인 것이다.

잘 나가는 야구선수도 여러 가지 고민거리들을 가지고 있기 마련이다. 어깨부상이라든가, 가족문제, 결혼문제, 동료와의 관계, 언어 소통문제, 관중들의 반응 등이 있겠지만 경기가 시작되면 끝날 때까지는 오로지 경기에만 집중한다.

오전 내내 스마트폰을 끄는 이유

책쓰기에는 엄청난 집중력이 필요하다. 가족문제, 사업문제, 인간관계 등 온갖 문제들이 방해가 될 수밖에 없다. 출판 에이전트인 필자도 직업 특성상 잔업무가 많다. 출판사, 저자와 연락을 주고받아야 하고, 시도때도 없이 오는 상담전화에도 응해야 한다. 인세계산도 놓치면 안되고 성실한 납세를 위해 영수증 정리도 해야 하며 손수 은행 업무도 봐야 한다. 블로그와

SNS에 포스팅하는 것도 꽤 시간이 든다. 이런 일들을 하다 보면 책쓰기와 같은 큰 프로젝트를 수행해 낼 여건이 안 된다.

지난 번 책을 집필할 때도 상황은 똑같았다. 그렇다고 포기할 수는 없었다. 이에 찾아낸 방법이 꽤 쓸만했다. 업무하는 날이라해도 오전 내내 또는 오후 내내 스마트폰의 전원을 껐다. 작은 마감시간을 정한 것이다. 사무실의 문도 꼭 닫았다. 그 시간에는 모든 것을 머리에서 지우고 집중해서 원고만 썼다. 절대 시간이 부족한 상황에서 나온 극약처방이었다. 빨리 써서 시간을 만들어야 필자를 기다리는 사람과 약속을 지킬 수 있고 전화로 상담도 해 줄 수 있고 다른 업무도 볼 수 있다는 생각에 오히려 집중력이 마구 솟아났다.

또 한 가지 처방은 작은 마감 분량을 정해두는 것이었다. 한 꼭지든 반 꼭지든 현실적으로 자신에게 맞는 분량을 정해 매일 마감을 지키는 것이다. 필자 또한 정해 둔 작은 마감 분량만큼을 쓰지 않으면 자리에서 일어나지 않았다. 이것 역시 집중력을 향상시켜주는 좋은 방법이었다.

책쓰기 집중력이 뛰어난 김용원 작가

책쓰기에 집중을 잘하는 김용원 작가가 있다. 소설과 아동문학 작가로 20여년 동안 문단에서 활동해 오고 있으며 후진양성에만 힘쓰다가 1인1책과 만나 본격적인 출판활동을 재개했다. 그 결실로 청소년 성장소설인 〈알함브라로 가는 길〉(크레용하우스), 〈소〉(동안), 〈내일의 너를 믿어봐〉(탐) 등이 나왔다.

김작가가 글을 쓰는 자신만의 방법이 있다. 글이 가장 잘 써지는 밤 12시에서 새벽 4시 사이에 집필하는 것이다. 말을 거는 사람도 없고 나가야 할 일도 없고, 전화조차 오지 않는 시간인데다가 조용한 분위기가 책쓰기에는 안성맞춤이다. 자야 할 시간에 잠을 포기하는 것이 고통스러운 일이지만 집중이 잘 되는 시간을 놓칠 수가 없었던 것이다. 그리고 한 번 앉으면 원하는 만큼 쓰기 전까지는 일어서질 않고 집중했다. 너무 오래 앉아있었던 탓에 다리를 약간 절게 되는 훈장까지 받았다.

사실 앉아있는 집중력만 갖고 얻은 결실은 아니다. 평소에도 글에 집중하다보면 퍼뜩 떠오르는 생각들이 있는데 그 글의 씨앗들을 그때그때 기록하는 것도 김작가의 비결이다.

김작가는 방대한 철학과 인문학적 지식에서 작가의 실력이 나온다고 보기에 엄청난 양의 책을 읽는다. 공부하면서 메모하고 또 이를 쓰면서 내공을 쌓은 것이 그만의 탄탄한 책쓰기를 가능하게 만들었다. 그의 실력은 글쓰기 강좌에 매월 북적대는 수강자들이 증명해준다.

최근에도 이런 집중력으로 〈아름답게 늙어가는 법〉이라는 칼럼을 자신이 운영하는 카페에 연재하고 있다. 60대 중반을 넘어서면 보통 작가들은 폼나는 자리에서 폼나는 일을 하고 한다. 한국 문학 풍토가 그렇다. 하지만 김작가는 패기 가득한 젊은 작가 못지않게 정열적으로 움직인다. 꾸준한 글쓰기를 통한 작품활동은 기본이고 글쓰기 강좌에서 열심히 후진을 양성하고 있다.

김용원 작가의 청소년 성장소설. 세종도서 선정작. 중학생인 은수는 어쩔 수 없이 집안 일을 떠맡게 되었다. 하지만 정작 은수에게는 주위의 시선이 족쇄 같기만 했다. 어디로든 벗어나고 싶은 마음뿐이었다. 어느 날 학교 선배였던 민수 형이 찾아와 고속버스 터미널로 데리고 간다.

『알함브라 궁전으로 가는 길』, 김용원 지음 | 크레용하우스

1인1책 상담을 하다보면 책쓰기를 원하지만 대담자의 집필을 방해하는 여건들이 눈에 띈다. 당신이 책쓰기를 시작하려면 먼저 이러한 요소들을 제거해라. 목표 집필량와 마감시간을 분명히 정하고 집중할 시간을 억지로 만들어야 한다. 그 훈련이 쌓이면 집중력을 높일 수 있고 그 집중력으로 책쓰기의 천하무적이 될 수 있다.

1인1책 MEMO

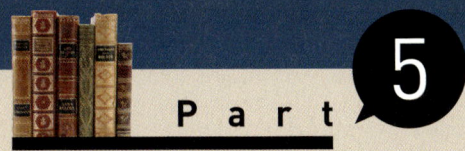

Part 5

홍보에 목숨을 걸어라

📖 자동차에 **홍보포스터**를 붙이는 이유

신간이 나오면 고정욱 작가는 매우 분주하게 움직인다. 그는 자신의 SNS에 저술한 책을 올리는 것은 기본이고 출판사에 부탁해 책 포스터를 제작하고 이를 자신이 모는 승용차에 부착한다. 고작가의 차에 붙어 있는 책의 홍보포스터는 전국 방방곡곡을 누비고 다닌다. 그야말로 움직이는 홍보 차량이다.

보통의 저자를 만나면 책의 내용과 원고쓰기에는 눈에 불을 켜고 이야기하다가 책 출간 이후 홍보에 대해서는 대부분 소극적인 태도를 보이고 만다.

"책 홍보는 출판사가 전담하는 것 아닌가요? 저는 글만 잘쓰면 되지요."

이렇게 반문하면서 자신은 홍보할 생각도 능력도 없다고 발뺌한다. 하지만 책 홍보는 출판사에만 맡겨서는 안 된다. 저자가 스스로 나설 때 책 홍보의 시너지가 생긴다.

신간 2주~한 달 만에 결판

출판사는 여러 권의 책이 나오는 곳이다. 한 달에 10권 이상 나오는 곳도 있고, 중견 출판사라고 하면 한 달에 1~2권 정도를 꾸준하게 낸다. 1인 출판사도 마찬가지이다. 몇 개월에 한 권씩 책이 나오긴 하지만 1인 사장이 기획부터 편집, 홍보, 영업까지 맡다 보면 바쁜 상황이다. 따라서 출판사가 오로지 당신 책의 홍보에만 집중할 여력은 없다. 출판사에 종사하는 사람들은 이구동성으로 신간은 2주~한 달 만에 결판이 난다고 말한다.

2주~한 달 안에 기존 출판사의 홍보루트를 통해 책이 나가면 홍보에 더 투자를 하고, 책이 별 반응을 보이지 않으면 접는다는 것이 출판사의 속내이다. 저자는 자신의 책을 출판사가 더 신경써 주길 바라겠지만 현실은 이처럼 냉혹하다.

고정욱 작가의
자동차에 부착한
책 홍보 포스터

책을 낸 분야의 최고 전문가는 저자

책을 출판하는 저자만큼 해당 분야의 지식과 경험에 박식한 사람도 없다. 그 분야에서 자신이 책을 낸 만큼 해당 책의 홍보 루트나 방법도 가장 잘 알 수 있다. 그것이 저자가 홍보에 나서야 하는 이유이기도 하다. 앞서 수차례 강조했지만 책을 내는 목적은 낸 것에 그치는 것이 아니라 책이 많은 독자들에게 판매돼, 저자의 가치나 비즈니스가 영향력을 가질 수 있어야 한다는 것이다. 출판사보다도 책의 성패에 의존도 높은 당사자는 저자이다. 이런 명분과 실리가 따르기에 저자는 홍보에 나서야 한다.

1인1책 코칭을 받아 첫 번째 출간에 성공한 D 저자가 있다. 그녀 또한 책을 내는 과정이 녹록치 않았지만, 성실하게 원고를 쓰고 출판을 이뤄냈다. 그런데 진가가 나타난 것은 출간 이후였다. D 저자는 자신이 주도해 책 홍보 동영상을 찍고, 이를 지인 모두에게 보냈다. 또한 지방자치단체의 간부도 만나 책 홍보와 더불어 자신이 독자에게 주는 메시지를 전달하는 등 저자로서 적극적인 모습을 보였다. 지인에게 책 판매하는 것을 시작으로 다방면에서 적극적으로 홍보활동을 벌인 결과, 책 판매고를 높였다.

100가지의 홍보방법이면 감동

저자는 책을 낸 후에 알릴 수 있는 수단이 있다면, 모든 것을 동원해서 책을 홍보해야 한다. 필자는 평소 내 주변의 지형지물을 활용하라는 명제를 떠올리곤 한다. 자신의 가까운 곳, 지근에 있는 매개를 활용해서 책을 홍보해 보라는 것. 문자와 전화부터 시작해, SNS, 각종 모임 등등 수단과 방법을 가리지 말고 홍보해야 한다.

한 출판사 대표와 책 마케팅 방법을 논의하다가 100가지 홍보방법이 화두로 떠올랐다. 그 출판사 대표는 책 한 권이 나오면 100가지 홍보방법이 필요하다고 역설했다. 물론 쉬운 일은 아니었지만 만일 출판 후 저자가 100가지 방법으로 뛰어 준다면 출판사에서는 감동을 받을 것이라고 느꼈다.

실제로 출판사 대표와의 출판 면담을 앞두고 있던 한 일러스트 작가에게 홍보의 중요성을 강조하고 책 출간 후 홍보에 적극 나서겠다는 자신의 의지와 계획을 프레젠테이션하라고 조언한 바 있다. 그 결과 일러스트 작가가 출판사와 출판계약에 성공했다.

자동차에 포스터를 붙이고 다니는 고정욱 작가. 1년에 수편씩 출판계약을 하는 그의 성공비결은 내실 있는 원고작성에도 있겠지만 돌아다니는 홍보맨인 그의 스타일과 무관하지 않다. 250권의 책을 펴낸 고정욱 작가는 국내에서 가장 책을 많이 쓴 작가 중의 한 명이다. 2014년에 18권의 책을 펴내고, 2015년 10권의 책을 낸 고작가는 2016년에도 불철주야 책쓰기에 여념이 없다. 고작가는 단지 많이 쓴 것에 그치는 것이 아니다. 〈가방 들어주는 아이〉(고정욱 지음/사계절), 〈아주 특별한 우리형〉(고정욱 지음/대교출판)을 비롯해 초베스트셀러를 냈고, 최근에 낸 청소년 소설 시리즈 〈까칠한 재석이〉 4권 역시 독자들의 사랑을 크게 받고 있다. 누적판매 부수가 450만 부에 이른다.

강연도 1년 365일, 전국 팔도를 다닌다. 각급 학교, 도서관, 지방자치단체 등 강연요청이 쇄도한다. 1급 지체장애인임에도 불구하고 9인승 카니발 리무진을 끌고 서울역에 주차시키고 KTX를 타고 부산, 광주, 대전 등 전국을 돌며 강연을 한다. 강연의 반응은 뜨겁다. 칭다오 한국인 학교 학생들에게도 강연을 했다. 학교 선생님들의 행사 진행에 어수선했던 분위기는 고작가가 무대에 올라간 3분 만에 차분해졌고 그 이후 환호성이 울려 퍼질 만큼 성공적으로 강연이 끝났다.

홍보를 통해 많은 책을 출판하고 또 강연하는 그의 이런 홍보활동 덕분에 '고정욱'이라는 브랜드가 만들어진 것이다. 고작가는 그 브랜드로 저술하고 강연한다. 지금 당장 당신의 홍보처와 판매루트를 만들어라. 출판 성공의 길은 앞당겨진다.

이동조 저자의 〈1일1독서의 힘〉 홍보 계획

	홍보 마케팅 요소	기대 효과
1	저자 개인사이트, 개인 SNS 홍보 활용 1) 개인사이트 메인배너광고 노출 지속 2) 저자 네이버 블로그, 다음 블로그 홍보 3) 예스24 저자 블로그 홍보 4) 저자 페이스북 홍보 등 (창의사이트, 블로그, 카페 노출)	SNS, 온라인 커뮤니티 콘텐츠 소통이 강한 타깃층 지속 홍보 연결
2	네이버 책책책 대표북카페 리뷰 도서 이벤트 진행(25여권) *서평이벤트 스텝 레모네이드	대표 북카페 이벤트 홍보 및 각종 인터넷서점 리뷰(진행 시 출간 1달 전에 사전 신청해야 함)
3	다음 독서클럽 1위 북카페 리뷰 작성 이벤트 진행(25여권)	대표 북카페 이벤트 홍보 및 각종 인터넷서점 리뷰(사전 신청 필요)

4	SNS에 홍보용 콘텐츠 지속 업데이트 1) 독서지도 10계명 2) 책 도서목록 리스트 소개 3) 기타 흥미유발 도서 콘텐츠 개발	다양한 대중과 유용하고 재미있는 콘텐츠로 소통하며 하단에 책 표지와 제목을 명시함
5	지인 기자 보도자료 발송 및 게재 협조	언론 분야 지인 홍보 협조
6	신문잡지, 도서미디어, 어린이신문 등 출판담당 기자들에게 단계별 다양한 온라인 보도자료 구성 단계별 배부, 언론 노출	다양한 보도자료 기획 및 작성을 통해 홍보 효과 가능
7	1+1 이벤트 기획(1일1독서 도서 + 최근작 창의성의 비밀) 할인 및 저자 사인북 개인 사이트 및 SNS에서 이벤트 진행	주문시 사인본 1+1 발송 SNS 이벤트 홍보 효과
8	지우의 추천도서 40선, 1일1독서 책과 한 책씩 40개의 사진을 찍어 SNS 홍보	지우의 추천도서 한권씩 간략한 소개와 들고 있는 사진 이미지 노출
9	학교도서관저널이 출판사 신간 홍보/증정 이벤트 시작! 활용 검토 이벤트 도서는 학교도서관저널 홈페이지 '출판사 책소개' 코너에 책 표지와 소개 글을 올리고(우리교육 '교사들의 북유럽 도서관 여행' 참조), 학교도서관저널 홈페이지 회원(2015년 4월 현재 1,300여 명) 앞으로 '출판사 책소개' 페이지 그대로 메일링 서비스 합니다. 신간 홍보/증정 이벤트를 하고자 하는 출판사는 학교도서관저널 담당자(연용호) 주간에게 연락 주십시오. 학교도서관저널 회원(학교도서관 사서, 사서교사, 담당교사 등) 성격에 맞는 신간/출판사의 많은 참여를 바랍니다. http://www.slj.co.kr/bbs/board.php?bo_table=ad&wr_id=210	학교도서관 회원(2015년 4월 현재 1,300여 명) - 비용이 있는지는 확인해야 함
10	도서추천 단체 정리하여 책 소개 (사) 행복한 아침독서 (사) 어린이문화진흥회 학교도서관저널 도서추천위원회 책으로 따뜻한 세상을 만드는 교사들 한국출판문화산업진흥원 좋은책선정위원회 등	도서 추천 단체 검색, 도서 안내

스마트 세상의
손바닥 기기를 활용하라

몇 년 전 스티브잡스의 아이폰 출시를 바라보며, 손안의 컴퓨터인 스마트폰의 출현은 사회 트렌드의 변화로 이어질 것이라고 봤다. 출판계에서도 큰 변화의 조짐이 나타났다. 책이나 자신의 콘텐츠를 이 손바닥 기기인 스마트폰으로 홍보할 수 있는 다양한 방법이 나타난 것이다.

많은 사람들이 스마트폰을 열고 SNS 공간에서 다른 사람을 만난다. 사람들이 의견, 생각, 경험을 서로 공유하기 위해 사용하는 블로그, 미니홈피, 메신저 등을 소셜 네트워크 서비스(Social Network Service)라 한다. 페이스북과 트위터, 인스타그램과 카카오스토리 등의 SNS는 세상 사람들과 만나서 소통하고 나를 알리고, 다른 사람들을 이해하는 공간이다.

소통에서 출발했지만 SNS상에서 홍보의 영역을 무시할 수는 없다. 혹자는 SNS의 힘을 과소평가하지만 이보다 더 좋은 매체가 없다. SNS 말고 그 무엇으로 책을 홍보한단 말인가. 다만 각 SNS의 특성에 맞게 잘 활용하는 능력을 키우려면 손수 부지런히 SNS 활동을 하는 공을 들여야 한다.

사보보다 효과 큰 SNS

과거에는 대부분의 기업이 사보를 발행했다. 기업체에서 자사나 제품을 홍보하기 위해 적게는 수천 부에서 많게는 수만 부도 찍었다. 인쇄비와 편집비 등 사보제작에도 비용이 많이 들어간다. 반면 그 효과가 떨어지는 추세라 근래 들어 사보가 없어지고 있다. 고비용 저효율이기 때문이다. 또 대중들의 라이프스타일이 스마트폰에 근거한 모바일 중심으로 이뤄지면서 생긴 변화이다. 필자의 페이스북 개인 계정에는 2,700명의 친구가 있다. 한 번 포스팅을 하면 2,700명에게 메시지가 도달된다. 거기에 '좋아요'가 많이 생기고, 공유가 이뤄지면 친구의 친구까지 기하급수적으로 수효가 늘어난다. 충분히 홍보가 가능한 숫자이다.

책 홍보에서 중요한 역할을 하는 SNS

SNS를 통한 출판 마케팅의 성공사례는 많다. 2015년 국내에서 가장 많이 팔린 〈미움받을 용기〉를 비롯해 〈지적 대화를 위한 넓고 얕은 지식〉, 〈아들은 원래 그렇게 태어났다〉 등이 그러하다. 특히 〈늦지 않았어 지금 시작해〉(노경원/시드페이퍼)는 2년 전에 출간한 책인데도 새 학기 시즌에 맞춰

SNS 마케팅을 통해서만 3주 동안 6,000부 이상이 판매되었다.

SNS는 콘텐츠 마케팅이다

SNS의 파급력이 큰 이유는 스토리가 살아 있어서이다. SNS를 자주 이용해 본 사람이라면 공감할 것이다. 대놓고 하는 광고에 대해서 사람들은 별반 관심이 없다. 그러나 스토리가 있는 경우에는 반응을 한다. 일본 아오모리는 사과 농사로 유명하다. 1991년 강력한 태풍으로 아오모리 사과 90퍼센트가 비바람에 떨어졌다. 그 지역 농부들은 고심 끝에 살아남은 10퍼센트의 사과에 '태풍에도 떨어지지 않은 사과를 먹으면 합격한다'는 스토리를 부여하고 이른바 '합격사과'를 만들었다. 그 결과 기존 가격의 10배를 받았는데 대박이 났다. 이러한 스토리를 만들어서 콘텐츠로 활용하는 것이 SNS이다. 즉 소셜미디어 서비스는 콘텐츠 마케팅이다. 이러한 손바닥 기기를 이용해 스마트 세상에서 활동하고 있는 정은상 교장선생님(맥아더스쿨)이 있다. 인천 상륙작전을 지휘한 맥아더 장군의 나이가 당시 70세가 넘었다. 정 교장은 이러한 사실에서 착안해 나이가 많아도 인생을 새롭게 준비할 수 있는 인생이모작 사관학교라는 의미의 맥아더스쿨을 만들고 스마트 코칭을 하고 있다. 필자도 정 교장에게서 코칭을 받고 스마트 세상의 위력을 실감할 수 있었다. 나이와 배경에 상관없이 손바닥 기기를 활용한다면 스마트 세상에서 앞서갈 수 있을 것이다.

페이스북

페이스북은 '친구맺기'와 '좋아요'로 대별되는 SNS 상의 대표적인 사이트다. 최대 5천명까지 친구가 가능하고 페이지를 개설할 경우 무한대의 팬을 가질 수 있다. 개인계정은 자신의 일상사부터 시작해 자신이 하고 있는 일이나 취미 등을 다룬다. 간혹 감정에 치우쳐 욕설 등을 쓰는 사람이 있는데, 이는 페이스북을 잘못 이해한 결과라고 볼 수 있다. 공공의 기능이 있는 것이 페이스북의 특징이다. 페이지는 페북 본사에서 대놓고 홍보와 비즈니스를 하라고 만든 사이트인 만큼 광고도 할 수 있는 특징이 있다.

트위터

트위터는 140자 이내 단문으로 개인의 의견이나 생각을 공유하고 소통하는 사이트다. twitter(지저귀다)의 뜻 그대로 재잘거리듯이 일상의 작은 얘기들을 그때그때 짧게 올릴 수 있는 온라인 공간이다. 트위터는 블로그의 인터페이스에 미니홈피의 '친구맺기' 기능, 메신저의 신속성을 한데 모아놓은 소셜 네트워크 서비스라고 볼 수 있다.

트위터의 주요 기능은 관심 있는 상대방을 뒤따르는 '팔로(follow)'라는 기능이다. 자기와 비슷한 생각을 지닌 사람을 '팔로어(follower)'로 등록하여 실시간으로 정보나 생각, 취미, 관심사 등을 공유한다. 상대방이 허락하지 않아도 '팔로어'로 등록할 수 있어 관심 있는 유명인사를 등록해 놓고 그들의 동정을 파악하거나 격려 메시지를 보내기도 한다.

카카오스토리

카카오가 2012년 3월 22일 서비스를 시작한 사진 공유 기반 소셜 네트워크 서비스이다. 사용자들은 여러 가지 글이나 사진 등을 올릴 수 있다.

사용자가 트위터나 페이스북보다는 폐쇄적으로 사용하는 공간이지만, 그러다보니 카카오스토리 친구끼리는 밀착도가 높아 입소문이 한번 나면 효과가 더 크다.

인스타그램

온라인 사진 및 비디오 공유 애플리케이션이다. 사진과 비디오를 페이스북, 트위터, 플리커(Flickr) 등과 같은 소셜 네트워크 플랫폼으로 공유할 수 있기 때문에 소셜 네트워크 서비스(SNS)로 보기도 한다. 이미지가 풍부하므로 글자에 피로감을 느끼는 사용자들에게 인기다.

📖 이벤트를 만들 수 있는 저자

탁 트인 바다, 은은한 음악소리가 들리는 해변가에서 〈아버지의 바다〉(김연용 지음/지식나무) 출판기념회가 열렸다. 사회를 본 필자 역시 감개무량했다. 선재도의 예쁜 식당에 들렀다가 우연히 김연용 사장을 만나 이야기를 나누다 책을 출간한 것을 알게 되었고, 개정판을 제안했다. 바로 그 책이 포토에세이로 출판돼 출판기념회까지 열렸기 때문이다. 언더그라운드 뮤지션들의 공연과 책에 얽힌 이야기들이 하모니를 이뤄 한 편의 문화 이벤트가 된 날이다. 김연용 저자도 무척 만족스러운 듯 미소가 머물렀다.

참신한 이벤트가 중요

책이 출판된 후 책과 관련해 저자가 주도적으로 참여할 수 있는 이벤트를 만드는 것이 중요하다. 앞서 책 출간 후 2주~한 달이 매우 중요하다고 강조한 바 있다. 이 기간에 타깃 독자를 공략하는 다양한 형태의 이벤트를 진행한다면 성공의 가능성은 높아진다. 출판기념회, 북토크쇼, 저자 사인회, 강연회, 문화기행 등 되도록 참신한 이벤트를 갖는다면 미디어의 주목을 받을 수도 있다.

이벤트를 여는 저자의 마음

예비저자가 꼭 알아야 할 부분이 있다. 무명저자가 여는 이벤트에는 모이는 사람들이 많지 않다. 따라서 아직 책을 내지 못했을 때, 다른 사람의 책 이벤트 행사에 자주 참석해야 한다. 한국인의 정서는 품앗이가 익숙하다. 자신이 먼저 찾아주고, 책을 낸 다음 많은 사람을 불러야 한다.

: 〈아버지와 바다〉 출판기념회

책 이벤트 행사를 하려면 적극적으로 사람을 모아야 한다. 사람에게는 마음통장이 있다. 다른 사람의 마음통장에 저축을 하듯, 자신의 마음통장에도 타인의 저축액이 쌓인다. 실제 저자가 스스로 이벤트에 사람들을 초대하면 각기 다른 반응이 나타나고, 아차 싶을 때가 있다. 그간의 본인의 행실에 대해 돌아보게 되기도 한다. 그런 뜨거운 반응을 겪고 반성해야 인간관계의 발전이 있다.

📖 홍보 플랫폼이 중요하다

책을 쓰는 일은 어렵다. 출판되기는 더 어렵다. 그런데 출간된 책이 홍보가 되지 않는다면 당신의 책은 물류창고에서 하루에 권당 10원씩 비용만 축내는 애물단지가 될 수 있다. 출간된 책이 홍보되지 않으면 책을 쓰는 일은 별로 의미가 없다. 책의 기획자로 오랫동안 생활하면서 얻은 나만의 지론이다. 홍보가 중요하다. 책을 쓴 저자는 홍보에 목숨을 걸어야 한다. 그런데 홍보란 것이 하루아침에 이뤄지는 일이 아니다. 저자가 책을 내 홍보에 적극 나서기 위해서는 스스로의 플랫폼을 가져야 한다. 그 플랫폼을 설계해보자.

항공모함인 홈페이지

가장 기초적인 것이 검색 창에 뜰 수 있는 블로그형 홈페이지이다. 이것의 장점은 구글이나 네이버, 다음 등 국내 대표적인 검색 사이트에 뜬다는 점이다. 티스토리나 워드프레스 같은 프로그램을 사용하면 홈페이지를 무료로 만들 수도 있다. 1년에 10만 원도 안 되는 웹호스팅 비용과 도메인 사용료만 내면 된다. 물론 디자인과 모양새를 고려한다면 약간의 비용을 전문가에게 의뢰하면 더 훌륭한 홈페이지가 된다. 이를 항공모함에 비유하고 싶다. 항공모함은 전투의 중심기지이다. 여기서 홍보를 지휘하며 각종 무기로 홍보 전쟁에서 승리해야 한다.

블로그형 홈페이지의 장점은 글을 포스팅하면 검색 창에서 받아줘서 홍보가 된다는 점이다. 실제로 블로그형 홈페이지인 1인1책도 워드프레스 기반으로 홍보 면에서 큰 도움이 되고 있다.

잠수함인 네이버 블로그

블로그의 장점은 일일이 열거하지 않아도 독자 여러분도 잘 알 것이다. 특히 모바일이 대세가 되면서 블로그의 영향력이 더 증대된다고 전문가들은 진단한다. 블로그 중 네이버 블로그가 가장 영향력이 크다. 인터넷 검색의 장점을 십분 발휘할 수 있는 블로그를 개설해라. 블로그를 운영하면 글쓰기 능력이 향상되는 장점도 있다. 하나씩 포스팅을 해야 하는 수고로움이 있지만 꾸준한 글쓰기가 가능해 필력이 향상된다. 또한 조금씩 쌓이는 콘텐츠 덕에 팬층이 형성될 수도 있으며, 이 콘텐츠에 살을 붙여 수월하게 책을 낼 수도 있다.

전투기 SNS

전투기가 빠르고 광범위한 것처럼 SNS도 파급력이 크다. 무료로 누구나 손쉽게 개설하고 집, 회사, 야외에서도 쉽게 포스팅을 할 수 있다. 페이스북, 트위터, 카카오스토리, 인스타그램 등 SNS 유형의 특징을 파악해, 자신에게 맞는 것을 적극 활용하라. 필자 역시 2012년까지는 SNS에 능수능란하지 못했다. 그런데 맥아더스쿨 정은상 교장선생님에게 SNS 코칭을 받고 능숙해졌다. 이제는 SNS를 이용해 비즈니스에 활용하고 있다.

정찰 비행기 뉴스레터

1인1책에서는 한 달에 2회 이상 뉴스레터를 발행한다. 1인1책 칼럼이나 소식, 새로 나온 책과 동정 등을 다루는데, 기존 지인들 중심의 메일주소로 3천 명 이상에게 발송한다. 덕분에 SNS 등의 홍보 플랫폼을 이용하지 않는 사각지대의 사람들로부터 뉴스레터 잘 받고 있다는 인사를 받곤 한다. 오즈메일러(www.ozmailer.com) 등을 이용하면 비교적 쉽게 뉴스레터를 제작할 수 있다.

홍보 플랫폼 구축이 엄두가 나지 않을 수 있다. 필자 역시 하루아침에 구축한 것은 아니다. 하나하나씩 만들어 가다보니 기본 뼈대를 구축했다. 보완해야 할 과제는 더욱 많다. 하지만 가만히 있는다고 이뤄지는 것은 없다. 책을 발간하면 저자 입장에서는 홍보할 수단이 없어 대략 난감하다. 이때 하나의 홍보 플랫폼이라도 나타나면 그렇게 고마울 수가 없다.

또한 선택과 집중이 필요하다. 앞서 제시한 플랫폼 중 선택할 것은 과감하게 선택한 후, 집중하기를 바란다. 물론, 이것이 어렵게 느껴지

: 1인1책 뉴스레터

는 독자들이 많을 것이다. 그러나 그런 분들을 위해 존재하는 것이 나같은 사람이다. 언제든 연락을 주면 필자는 이 모든 노하우를 코칭해준다.

📖 책 출간 후 **강연하기**

광화문에 위치한 교보문고는 우리나라 대표 서점이다. 출판의 역사를 올곧이 갖고 있는 교보문고에서 독자들을 만날 수 있다면 저자는 더없이 행복할 것이다. 그 점에서 출간 이후 광화문 교보문고에서 강연을 한다는 것은 의미가 있다.

책을 알리는 가장 좋은 수단은 강연

책을 출판하는 이유는 무엇일까?

책을 내는 이유는 저자마다 다를 것이다. 그래도 공통되는 한 가지는 한 명이라도 더 많은 독자들이 저자의 글을 읽고 공감해 주는 것이 아닐까. 독자가 많아야 저자가 존재가치가 있다. 어떻게 하면 독자가 많아질까. 책을 잘 기획하고 글도 좋고, 책이 주는 메시지도 분명하면 독자를 확보할 수 있다.

그런데 책의 콘텐츠가 좋다고 저절로 마케팅이 되는 것은 아니다. 출판사가 적극적으로 홍보를 하는 것도 중요하지만 저자가 자신이 출판된 책을 적극적으로 알려 나가야 한다. 저자가 자신의 책을 알려나가는 또 하나의 좋은 방법이 강연이다.

저자가 신간을 내고 강연을 적극적으로 해 나가면 일단 주목을 받을 수 있다. TV 방송 프로그램의 강연이 아니더라도 각종 커뮤니티, 관공서, 학교 등 소규모 강연을 할 수 있는 기회는 많다.

이러한 곳에서 강연을 한다면 자신의 스피치 실력도 향상시킬 수 있고, 소정의 강연료도 받을 수 있다. 물론 돈을 받지 못해도 책의 홍보를 위해서 도전하는 것도 괜찮다. 한두 번 강연 무대에 서다 보면 자신의 커리어가 되고 유료 강연으로 연결될 수 있다.

또한 강연을 진행하다보면 청중의 피드백도 받을 수 있다. 그 반응을 보고 새로운 책의 기획 방향과 아이디어를 얻을 수 있다. 꿩 먹고 알 먹는 일석이조의 프로세스가 강연이라 할 수 있다.

처음부터 청중이 많이 모이지 않는다

출판이 불황이라고 해도 하루에 늘 150권 정도의 신간이 출간된다. 광화문 교보문고 매대에 놓인 신간의 운명은 단 일주일. 딱 그 기간에 책의 운명이 결정된다. 광화문 교보문고에서 강연하는 신간의 저자는 불과 소수에 불과하다. 그 몇 명 안에 당신이 끼어야 경쟁력이 생기고, 책을 통한 부가가치가 만들어 질 수 있다는 것을 명심해라.

출간 후 무료 강의를 진행한다 해도 처음부터 청중이 그리 모이지 않는다. 당신이 유명 저자가 아니기에 강의장에 사람이 차지 않는 것은 당연한 일이다. 하지만 한 번, 두 번 강연을 지속하면서 사람들에게 입소문이 난다면 청중은 늘어나기 마련이다.

비즈니스 관련 책을 낸 B 저자. 그는 유명세와는 거리가 멀다. 큰 컨설팅 업체 출신인 B 저자는 책의 저술을 마친 후부터 각종 강연에 빠지지 않고, 참석을 했다. 그곳에서 만난 사람들과 명함도 교환하고, SNS상의 친구도 되는 등 네트워크를 구축했다. 그 효과는 출간 이후 발휘됐다. B 저자의 무료 강의에는 그동안 쌓아 온 인맥들이 몇 명씩 찾아와 주었고, 출간 초반 SNS상에서도 그의 강의 모습과 책이 빈번하게 노출됐다. 그의 책은 한 기업체 사장이 보고 한 번에 2,000부를 주문하는 등 소리 없이 선전하는 중이다.

: 강사의 강연 무대

작은 무대를 사양 말고 강연무대에 서라

책을 낸 후 강연무대에 서면 명강사가 저절로 될 수 있을까? 평범한 사람이나 혹은 전문직 종사자가 책은 내도 강연은 또다른 영역이다. 큰 무대에서 30분 이상 청중들을 집중할 수 있게 만들 강사는 그리 많지 않다. 보통 때 작은 무대라도 자주 올라가 보는 것이 좋다.

필자의 경우 대부분 글쓰는 일을 했지 강연무대와는 거리가 멀었다. 그런데 1인1책 활동을 하다 보니 크고 작은 무대라도 자주 등장해야 할 일이 생겼다. 경험들이 하나 둘씩 쌓여가니 이제 강연활동의 질과 양도 발전하고 있다. 작은 무대라도, 비록 강연료를 받지 않는 무대라도 기회가 생기면 나가서 경험을 쌓는 것이 중요하다.

1인1책 일대일 코칭을 받았던 미긍주혜 작가가 있다. 장애인 일러스트 작가이지만 중도 장애를 딛고 이미 활발하게 활동하고 있었다. 그런데도 필자의 코칭대로 작은 무대에도 나갔다. 돈키우스 강연무대, 군부대 강의 등 15분간의 미니 강연을 성공적으로 해냈고 강사로 데뷔했다. 자신의 강연 프레젠테이션을 준비하면서 자신감이 상승했고 작은 승리를 맛보자 더욱 발전했다. 미긍 작가는 곧이어 일러스트 에세이 출판 계약에 성공했다. 작은 승리가 큰 승리로 이어진다는 것을 실감나게 하는 사례이다.

시작은 미약했지만 끝은 창대하리라. 결코 성경 문구에서 그치는 것은 아니다. 사회 각 분야에서는 베테랑을 중시하고 베테랑만 찾는다. 하지만 그 베테랑도 무명시절을 겪는다. 또 무명시절 없이 벼락출세한 사람치고 내공이 깊은 사람도 보지 못했다. 그 무명시절에 작은 승리를 얻을 수 있는 작은 무대, 무료 강의무대에 적극 임해라. 작은 승리가 당신에게 큰 선물을 줄 것이다.

: 돈키우스 무대

: 북포럼 참여 모습

강사발굴의 무대 돈키우스 조전범 대표

책이 나오면 자의든, 타의든 강사로 나서게 된다. 따라서 무대가 필요한데 돈키우스는 저자들이 나갈 수 있는 기회가 될 수 있다. 돈키호테와 제우스의 약자로 만들어진 돈키우스를 이끌고 있는 조전범 대표는 기존에 볼 수 없었던 가능성을 가진 강사를 발굴해 기회를 제공하는 일이 돈키우스의 설립 취지라고 밝힌다.

실제로 택시대학 정태성 총장을 비롯 돈키우스 출신 강사들은 많다. 1인1책에서도 돈키우스와 협업을 맺고 돈키1콘이라는 돈키우스내 10분 미니강연을 만들었다. 이 자리는 아직 책을 저술하지는 못했지만 가능성있는 자신의 콘텐츠를 대중들에게 알릴 수 있는 무대가 된다. 1인1책 멤버중 김용우 단장(빛소리 무용단 단장), 양일용(음악평론가), 김선녀(직장인), 박문인(직장인), 박종한(전업작가), 박양선(뉴니스 대표), 박병준(마술가), 미긍주혜(일러스트 작가) 등이 필자의 주선으로 이 무대에 섰다.

조 대표는 중국어, 일어, 영어에 능통한 어학 디자이너. 외국어 전문 강사로 지식생태계에서 활발하게 활동하고 있는 어학 분야 베테랑 강사이다. 이러한 돈키우스 무대를 비롯한 강연에 나설 수 있는 자리를 저자들은 눈여겨 봐야 할 것이다.

당신의 경조사도
미디어로 알려라

필자의 한 친구는 프리랜서 홍보 일을 하고 있다. 음반회사 홍보팀장 출신으로 문화예술인의 홍보 관련 업무로 잔뼈가 굵은 이 친구의 지론은 '개인적인 생일이나 경조사조차도 보도자료를 내고 미디어 기자들에게 알리라는 것'이다. 이를 위해 일단 미디어 기자를 만나야 한다.

한번은 이 친구가 승용차를 타고 서울시내 주요 미디어 10여 군데를 다니면서 보도자료를 전달하는 것을 함께 지켜보기도 했다. 힘은 들었지만 미디어 기자들의 반응이 그리 나쁘지 않은 것을 보며 미디어 홍보에 자신감을 얻기도 했다.

일단 기자를 만나라

물론 미디어의 문턱은 높다. 미디어에서 출판 관련 기사는 인문학 책 분야로 매우 제한적이어서 노출되기 힘들다. 기자들의 콧대에 대해 뒷담화를 하는 출판인들을 자주 보기도 했다.

하지만 보도자료 홍보대행업체에 보도자료만 보내고 팔장만 낀 채 기사 노출의 요행만 바라서는 미디어와 절대 친해질 수 없다. 일단 기자를 만나라.

전문 통신사를 이용하라

신간이 나오면 보도자료 전문 통신사를 통해서 보도자료를 보내라. 또한 미디어 기자들을 직접 만나서 책 관련 이슈를 전달해야 한다. 미디어의 문턱이 높다고 탓하지 말고 직접 부딪혀서 책과 저자를 알려라.

필자도 유료 보도자료 배포 서비스를 활발히 이용한다. 필자가 기획한 책이 나오거나 이슈가 생겼을 때 이 서비스를 이용하는데 포털 검색에도 떠서 활용도가 높다. 특히 매년 4월 20일이 장애인의 날인데, 그 즈음해서 기획출판했던 장애인 관련 책과 장애인 저자에 대해 보도자료를 내니 다음 포털의 메인화면에 떠서 큰 효과를 본적이 있었다.

지식생태계의 무대에 들어오라

책이 출판되면 본격적으로 저자라는 호칭으로 불려진다. 책을 홍보하기 위해서 강의에 나서고 미디어와 인터뷰에도 응하다보면 그 과정이 저자 프로모션이 된다. 그런 과정을 겪다보면 지식생태계에 자연스레 입문하게 된다. 지식생태계는 지식을 매개로 다양한 활동이 펼쳐지는 공간이다. 생태계를 떠올려 보자. 각종 동식물이 하나의 군집을 형성해 생존해 가고 있다. 지식생태계에서도 지식을 테마로 강의, 교육 프로그램, 출판 등이 이뤄진다. 과거 대학 강단에서 이뤄지던 지식활동이 SNS 미디어의 발달로 쉽게 공유되고 파급력이 커진다.

이 책의 추천사를 써준 유영만 교수(한양대 교육공학과)는 지식생태학자라고 불린다. 공고를 나왔지만 우연히 '사법고시 수기집'을 읽은 후 한양대 교육공학과에 입학, 그 후 플로리다 주립대학에서 교육공학 박사를 받고 현재 한양대 교육공학과 교수로 재직중이다. 그는 지식생태학자란 별명에 걸맞게 70여권이 넘는 책을 저술하고 활발하게 대중을 상대로 강연활동을 한다. 저술 책도 〈생각읽기〉(비전 코리아), 〈생각사전〉(토트출판사), 〈브리꼴레르〉(쌤앤파커스) 등 기존에 없던 창의적인 책을 펴낸다. 그리고 지식생태학자라는 별명으로 생태계를 누비고 다닌다.

당신도 지식생태계 무대에 들어오라. 당신이 현재 속한 공간보다는 기회의 장이 열릴 것이다. 왠지 낯설다고? 1인1책 김준호가 도울 것이다. 1인1책의 문은 늘 열려 있다.

1인1책 MEMO

에필로그

　야신이라 불리는 한화이글스의 김성근 감독. 필자는 선수들의 약점을 잡아내 원포인트 레슨으로 개선시켜주는 그의 지도력을 존경한다. 엉뚱한 상상을 해본다. 만일 김성근 감독이 선수로 나와 타석에 들어선다면 어떤 광경이 연출될까?

　책쓰기 코칭을 하다가 직접 저자로 나선 필자의 심정은 선수 코칭만 하다가 타석에 들어선 김 감독의 심정과 같을 것이다. 지난 10년 동안 178권의 기획출판을 해왔지만, 막상 저자로 나서는 감회는 새롭다. 익숙하던 책의 세계를 조금 다른 입장에서 보게 되었다. 물론 이번 책이 나의 4번째 ISBN이고, 대필 등을 포함해 10권이 넘는 책을 써 본 경험이 있지만 본격적인 1인1책을 쓰는 동안, 감독이나 코치가 아닌 선수로서 느끼는 어려움을 더 깊이 이해할 수 있었다.

　지금까지 자세히 이야기를 했지만 바쁜 분들을 위해 〈1인1책〉의 핵심을 간단히 정리해 드리겠다.

1. 당신이 인생에서 변화를 원하고, 성공과 행복을 바란다면 책쓰기가 하나의 대안이 될 수 있다. 주민등록번호가 없다면 한국사회에서 살아가기 힘들겠지만 ISBN은 다르다. 없어도 얼마든지 잘 살 수 있다. 하지만 있으면 훨씬 더 잘 살 수 있는 밑거름이 된다고 확신한다. 현실에 안주하기를 원하지 않는다면, 자신의 변화를 꿈꾼다면, 그 변화를 통해 도달하고픈 비전이 있다면 ISBN에 도전하라.

결심이 섰다면 이제부터는 전략을 세우는 일이 중요하다. 책쓰기 프로세스를 이해하고 자신의 원소스 콘텐츠에 대해서 깊이 고민하라. 자신에게 맞는 맞춤형 기획으로 지속가능한 출판콘텐츠에 도전해야 한다. 그 결과로 자신의 브랜드를 가질 수 있다. 브랜드를 갖게 되면 출판 뿐만 아니라 그 콘텐츠로 다른 분야까지 뻗어나가고자 할 때 뒷심이 커질 것이다.

2. 독자의 시각으로 기획안을 만들어야 한다. 경쟁도서를 찾고 베스트셀러 공식을 활용해 세상에서 단 하나뿐인 멋진 기획서를 정리하라. 집필계획서에는 콘셉트를 간결하게, 목차는 상세하게 잡는다. 기획이 성패를 좌우한다는 명제를 깊이 새겨서 본격적인 집필 이전에 기획서에서 승부하라. 대형서점에서 경쟁도서도 찾고 신문, 잡지 등 자료들을 검색하자. 깨끗이 목욕 제대로 한 다음 집필계획서를 작성해 보라.

3. 출판사는 친구가 돼야 한다. 물론 매우 까다로운 상대이다. 최근 출판계의 불황으로 출판사 문턱을 넘기가 훨씬 더 힘들어졌다. 그렇다 해도 세상에서 단 하나뿐인 기획과 잘 연마한 글쓰기 실력으로 무장한 원고를 갖고 두드린다면 그 문은 활짝 열릴 수도 있다. 저자와 원고를 이해할 수 있는 곳, 신

뢰할 수 있는 곳, 마케팅 능력을 갖고 있는 그런 출판사를 찾아라. 이 세 가지 기준을 모두 충족하는 출판사를 찾기가 쉽지는 않다. 이중 한두 가지라도 장점이 있으면 일단 원고를 맡겨라. 정 어렵다면 1인1책에 문의하라.

4. 책쓰기는 100미터 단거리가 아니다. 42.195킬로미터나 되는 마라톤이다. 그 페이스를 유지할 체력과 인내가 필요하다. 정보와 자료수집에 능해야 하고 저작권의 기본 원칙도 잘 지켜야 한다. 성공하는 저자들이 가진 자기관리에 좋은 7가지 습관을 다시 한번 기억해 보자. 실행에 강하다. 시간을 금과 같이 여긴다. 평소 운동으로 건강을 챙기고 집중력을 기른다. 취재력을 키워 콘텐츠를 풍성하게 만든다. 여행을 통해 아이디어를 강하게 한다. 성공한 저자에게 점심을 산다. 당신도 좋은 습관을 들여 페이스를 유지하며 책쓰기 마라톤에서 종주해 보라.

5. 책이 나오면 자신의 책 포스터를 자동차에 붙일 수 있는 홍보맨이 돼야 한다. 요즘에는 손바닥 기기인 스마트폰이 편리하면서도 중요한 홍보매체다. 당신의 SNS 친구에게 6개월 동안 '좋아요'를 눌러라. 당신의 인생이 바뀔 것이다. 이벤트를 열고, 홍보플랫폼을 갖춘다면, 당신을 지지하는 커뮤니티가 굳건하다면, 출판사에서 당신을 찾아와 책을 내자고 제안할 것이다.

1인1책 1호가 베스트셀러가 된 덕분에 발을 들여놓게 된 출판계이지만, 사실 필자가 기획한 책 중에 초판도 나가지 않은 책도 많다. 저자, 출판사와 함께 고군분투하여 만든 결과물들이 베스트셀러가 되든 그렇지 못하든 모두 경험으로 차곡차곡 쌓여갔다. 그렇게 오랫동안 기쁨과 고통의 시행착오를 겪었다. 이 책을 읽는 당신은 그 기간을 줄이기를 바라며 엑기스만 추려서 이 프로세스를 정립해 보았다. 위의 다섯 가지 프로세스가 당신의 책을 출간으로 안내해 줄 것이다.

앞으로 출판계와 지식생태계는 더 힘들어질지도 모른다. 전반적으로 종이책이 퇴조하면서 전자책이 더 부상할 것이다. 하지만 힘을 내자. 아직도 책은 여러 콘텐츠의 기본이 되고 있기 때문이다. 종이책이 베스트셀러가 되지 않았다 해도 영화로, 연극으로, 또 블로그로, 교육프로그램으로 되살아나 널리널리 퍼져나갈 수 있다는 점을 잊지 말자. 중요한 것은 당신만의 콘텐츠를 가지면 된다는 것이다.

그러므로 모든 국민이 한권의 책을 쓰고, 하나의 콘텐츠를 만들자는 '1인1책'은 항상 '진행중'일 것이다. 그 여정에 당신과 함께하고 싶다. 필자가 모든 것을 알고 있는 것은 아니다. 당신과 함께 호흡하고 배워서 더 업그레이드된 1인1책을 지속하고 싶다. 언제든지 망원동 1인1책 사무실은 열려있다. 1인1책은 여러분의 공간이다. 1인1책 상담, 일대일코칭, 글쓰기교실, 책쓰기교실에서 여러분을 만날 것이다.

오랜만에 타석에 들어섰더니 투수의 공이 더 빨라 보이고 야구 방망이도 무겁다. 포수도 시비를 건다. 역시 경기를 뛰는 선수들의 고충은 선수가 되어 봐야 아는 일이다. 또 한겹 쌓인 경험을 갖고 더 부드럽고, 날카롭게 원포인트 책쓰기 코칭에 임하려고 한다. 야신 김성근 감독처럼 말이다.

앞으로 타석에도 자주 설 것이다. 1인1책을 보완한 콘텐츠도 필요하고 본격적인 자기계발서의 아이디어도 떠오른다. 나와 함께 당신도 ISBN 사냥에 나서지 않겠는가.

출판권 계약서 쓰기

1인1책 아카데미(상담, 일대일코칭, 그룹코칭)

출판권 계약서 쓰기

출판권 설정 및 기타 저작권 사용 계약서

저작물의 표시

제호(가제) : _____

저작재산권자의 표시(갑)

성   명 :   (인)
주민등록번호 :
주   소 :
전 화 번 호 :
E - m a i l :
계 좌 / 은행 :

출판권자의 표시(을)

Tel : 02) 335-3681
Fax : 02) 335-3743
대표

위 저작물을 출판함에 있어, 저작재산권자 _____을(를) **갑**이라 하고 출판권자 _____을(를) **을**이라 하여 다음과 같이 약정하고 신의와 성실로써 이 계약을 준수하기로 다짐합니다.

2016 년   월   일

제1조 (출판권의 설정)
　① 갑은 을에 대하여 위에 표시된 저작물(이하 '위 저작물'이라 줄임)의 출판권을 설정한다.
　② 전 항의 규정에 따라 을은 위 저작물의 복제 및 배포에 관한 독점적이고도 배타적인 권리를 가진다.

제2조 (출판권의 등록) 저작권법에 따라 을은 위 저작물에 대한 출판권 설정을 등록할 수 있으며, 갑은 등록에 필요한 서류를 을에게 제공하는 등 이에 적극 협력하여야 한다.

제3조 (배타적 이용)
　① 갑은 본 계약 기간 중 위 저작물의 제호 및 내용의 전부 또는 일부와 동일 또는 유사한 저작물을 별도로 출판하거나 제3자로 하여금 출판하도록 할 수 없다.
　② 갑은 을의 사전 동의 없이 위 저작물의 개정판 또는 증보판을 발행하거나 제3자로 하여금 발행하도록 할 수 없다.
　③ 갑은 위 저작물을 저작권신탁관리단체에 신탁할 수 없으며, 이미 신탁되어 있는 저작물의 경우 이를 해지하여야 한다.

제4조 (출판권의 존속 기간)
　① 위 저작물의 출판권은 계약일로부터 초판 발행일까지, 그리고 초판 1쇄 발행 후 __5__ 년간 존속한다.
　② 제22조에 의한 갱신의 경우, 전 항의 기간은 __3__ 년씩 자동 연장된다.

제5조 (완전원고의 인도와 발행 시기)
　① 갑은 _____ 년 ____ 월 ____ 일까지 위 저작물의 출판을 위하여 필요하고도 완전한 원고 또는 이에 상당한 자료(이하 '완전원고'라 줄임)를 을에게 인도하여야 한다.
　② 을은 갑으로부터 완전원고를 인도받은 날로부터 __1__ 년 안에 위 저작물을 발행하여야 한다. 다만 부득이한 사정이 있을 때에는 갑과 협의하여 그 기일을 변경할 수 있다.

제6조 (저작물의 내용에 따른 책임) 위 저작물의 내용이 제3자의 저작권 등 법적 권리를 침해하여 을 또는 제3자에게 손해를 끼칠 경우에는 갑이 민사상·형사상의 모든 책임을 진다.

제7조 (저작인격권의 존중) 을은 저작자의 저작인격권을 존중하여 저작자의 성명을 올바로 표시하여야 하며, 위 저작물의 제호, 내용 또는 편집 순서 등을 바꾸고자 할 때는 반드시 갑의 동의를 얻어야 한다.

제8조 (교정) 위 저작물의 내용 교정 및 교열에 관한 책임은 일차적으로 갑에게 있다. 다만 갑은 을에게 교정 및 교열에 대한 협력을 요청할 수 있으며, 을은 갑에게 최종 확인을 받아야 한다.

제9조 (비용 부담)

① 위 저작물의 저작에 필요한 비용은 갑이 부담하고 제작, 홍보, 광고 및 판매에 따른 비용은 을이 부담한다.
② 초판 1쇄 발행 이후 재판을 발행함에 있어 갑의 요청에 따른 수정, 증감 등에 의하여 통상의 제작비를 현저히 초과한 경우에는 을은 그 초과액의 전부 또는 일부를 갑에게 청구할 수 있다. 이때 통상의 제작비는 초판 1쇄 발행 비용을 기준으로 산정한다.

제10조 (저작권의 표시 등)

① 을은 위 저작물의 복제물에 적당한 방법으로 저작자 및 저작재산권자의 성명과 발행 연월일 등 저작권 표시를 하여야 한다.
② 갑과 을 사이에 추가 약정이 없는 한 검인지는 부착하지 아니한다.
③ 을은 위 저작물의 발행부수를 매쇄마다 갑에게 통보하고 만일 갑의 확인 요구가 있을 때에는 이에 응하여야 한다.

제11조 (저작물의 수정증감)

① 을이 출판권의 목적인 저작물을 다시 출판하는 경우에 저작자는 정당한 범위 안에서 그 저작물의 내용을 수정하거나 증감할 수 있다.
② 을은 출판권의 목적인 저작물을 다시 출판하고자 하는 경우에 특약이 없는 때에는 그때마다 미리 저작자에게 그 사실을 알려야 한다.

제12조 (장정, 부수, 정가, 홍보 등)

① 위 저작물의 체제, 장정, 정가, 발행부수, 중쇄(판)의 시기 및 홍보 광고, 판매의 방법 등은 을이 결정한다.
② 을은 출판물을 홍보 광고함에 있어 갑의 명예를 훼손하여서는 아니 된다.

제13조 (계속 출판의 의무)

① 을은 본 계약 기간 중 위 저작물을 계속 출판하여야 한다.
② 단 6개월 동안 월간 평균 판매량이 __10__ 부 이하가 될 경우, 갑과 을이 협의하여 중쇄의 기간을 조정하거나 본 계약을 해지할 수 있다.

제14조 (출판권 설정의 대가)

① 을은 갑에게 정가의 _____%에 해당하는 금액에 발행(판매) 부수를 곱한 금액을 출판권 설정 대가(저작권사용료)로 지급한다.
② 재판 이후부터는 그 다음 쇄의 인쇄가 들어갈 경우 출판권 설정 대가를 지급한다.
③ 갑은 납본, 증정, 신간 안내, 서평, 홍보 등을 위하여 제공되는 부수에 대하여는 출판권 설정 대가를 면제한다. 다만 그 부수는 매쇄 당 __10__ %를 초과할 수 없다.

④ 을이 본조에서 정한 출판권 설정 대가 또는 제15조에서 정한 선급금을 갑에게 지급할 때에는, 각각 소득세와 주민세 등 법령에 따른 세액을 원천징수한 후 그 차액을 지급한다.

※ (인세 개념이 아닌 매절 형식으로 계약하는 경우)

제14조 (출판권 설정의 대가) 을은 계약과 동시에(계약일로부터 _____일 이내에) 갑에게 출판권 설정의 대가로 일금 _____원을 일괄 지급한다. 이로써 을은 재계약 등으로 인한 출판권 설정의 새로운 지급 사유가 발생하지 않는 한 갑에게 더 이상 대가를 지급하지 아니한다.

제15조 (선급금)
① 을은 본 계약과 동시에 선급금으로 _일백만 원 (₩1,000,000)_ 을 갑에게 지급한다.
② 을은 초판 제1쇄 발행시 지급할 출판권 설정 대가에서 전 항의 선급금을 공제한다.
③ 선급금을 지급한 경우 원고가 갑의 잘못으로 완성되지 못하여 을이 출판을 하지 못하게 되거나 탈고 일자에서 1개월 이상 지체되어 을의 출판 일정에 지장을 초래한 경우 갑은 선급금의 2배를 을에게 변상하여야 하며, 을의 책임으로 저작물을 출판하지 못할 시에는 기지급한 선급금은 돌려받지 못한다.

제16조 (갑에 대한 증정본 등)
① 을은 초판 발행시 _20_ 부, 개정판 발행시 _5_ 부를 갑에게 증정한다.
② 갑이 전 항의 부수를 초과하는 복제물이 필요한 경우 정가의 _70_ %에 해당하는 금액으로 을로부터 구입할 수 있다.

제17조 (판면권과 복사)
① '갑'은 판면권('본 출판물'의 판면 배치에 관한 권리)은 출판자인 '을'의 독자적 권리로서 보호되어야 함을 인정하고 존중한다.
② '갑'은, '본 출판물'의 판면을 이용하는 '본 저작물'의 복사와 관련되는 권리(공중송신권 및 복사에 의해 생긴 복제물의 양도권을 포함한다)의 관리를 '을'에게 위탁한다.
③ '을'은, 제2항에서 위탁받은 권리의 관리를 '을'이 지정하는 사람에게 위탁할 수 있다.
④ '갑'은, '을'이 지정한 사람이 제3항에서 위탁받은 권리의 관리를 그 규정에서 정하는 바에 따라 재위탁하는 것도 승낙한다.
⑤ '갑'이 '본 저작물'이 게재된 '본 출판물'의 판면을 그대로 이용하여 전자책(e-Book), 오디오북 등 비종이책의 제작을 제3자에게 허락하고자 할 경우 '을'은 '갑'에게 '본 저작물'의 교정 및 편집에 따른 비용을 감안하여 판면 파일의 매수를 청구할 수 있다. 판면 파일의 양도에 따른 구체적인 금액 등에 관한 사항은 별도로 협의하여 결정한다.

제18조(전자적 사용과 공중 송신)
① '갑'은 '본 저작물'의 전부 또는 상당한 부분을 모든 전자 매체에 의해 발행하거나 혹은 공중에 송신하는 것과 관련하여 '을'이 우선적으로 사용하는 것을 승낙한다.
② 제3자가 '본 저작물'의 전부 또는 상당한 부분을 모든 전자 매체에 의해 발행하거나 혹은 공중에 송신하려고 할 경우에는 '갑'은 그 처리에 관한 모든 사항을 '을'에게 위임한다.

제19조(2차적 사용)
① 본 계약의 유효기간 중에 '본 저작물'이 번역·개작·다이제스트·연극·영화·방송·녹음·녹화·대여·신문 잡지 연재·편집저작물·미니북·CD, DVD 등, 그 밖에 이차적으로 사용되는 경우, '갑'은 그 처리에 대한 모든 사항을 '을'에게 위임한다. 다만, 추가 약정 사항에서 별도의 특약으로 정한 경우에는 그에 따른다.
② 전항의 규정에도 불구하고 '을'은 필요한 경우 구체적 조건에 대하여 '갑'과 협의하여 결정할 수 있다.

제20조(부차적 수익의 배분)
① 판면 이용, 전자적 사용 및 공중송신, 2차적 사용 등과 관련하여 부차적 수익이 발생한 경우에는 그 수익의 배분은 특약이 없는 한 다음과 같이 정한다.
② 원 저작물에 대한 2차적 저작물 사용료로서 을은 갑에게 총 수입액의 _____%를 수입금이 을에게 입금된 날로부터 30일 이내에 지급한다. 단 그 수입금이, 금액은 미미하나 지속적으로 발생하는 경우에는 매년 6월, 12월 두 번에 걸쳐 정산하고, 정산일로부터 30일 이내에 지급한다.
③ 본조에서 '수익'이라 함은 각종 세금과 수수료 등을 공제하고 '을'이 직접 받은 금액을 기준으로 한다.

제21조 (전집 또는 선집 등에의 수록) 본 계약 기간 중에 갑이 위 저작물을 자신의 전집이나 선집 등에 수록, 출판할 때는 미리 을의 동의를 얻어야 한다.

제22조 (저작재산권의 양도 등)
① 갑은 위 저작물의 저작권의 전부 또는 일부를 제3자에게 양도하거나 이에 대하여 질권을 설정하고자 하는 경우에는 사전에 이를 을에게 통보하여야 한다.
② 을은 위 저작물의 출판권을 제3자에게 양도하거나 이에 대하여 질권을 설정하고자 하는 경우에는 반드시 갑의 동의를 얻어야 한다.

제23조 (원고의 반환) 갑과 을 사이에 추가 약정이 없는 한, 위 저작물의 출판 후 을은 원고 반환의 의무를 지지 아니한다.

제24조 (계약 내용의 변경) 갑 또는 을이 본 계약의 내용을 변경하고자 할 때는 쌍방이 협의하여 결정한다.

제25조 (계약의 갱신) 본 계약은 계약 기간 만료일 1개월 전까지 어느 한쪽에서 문서에 의한 통고에 따라 해지할 수 있으며, 일방 당사자의 문서에 의한 갱신거절의 통지가 없는 한 본 계약과 동일한 조건으로 갱신된다. 다만 갱신 후 존속 기간에 관하여는 본 계약 제4조 제2항에 따른다.

제26조 (계약의 해지) 갑 또는 을이 본 계약에서 정한 사항을 위반하였을 경우 그 상대방은 3개월 이상의 기간을 정하여 제대로 이행할 것을 알렸으나 을이 이를 이행하지 아니하는 경우 본 계약을 해지할 수 있고, 또한 손해의 배상을 청구할 수 있다. 다만, 을이 더 이상 출판할 의사가 없음을 표명하거나 절판 및 도산 등의 사유로 출판할 수 없는 상황이 명백한 경우에는 갑은 즉시 계약의 해지를 을에게 통고할 수 있다.

제27조 (출판권 소멸 후의 배포) 제14조에 의한 출판권 설정의 대가를 지급한 경우 출판권이 소멸한 후에도 을은 계약 기간 만료일 이전에 발행된 도서의 재고품을 계속 배포할 수 있다.

제28조 (재해, 사고) 천재지변, 그 밖의 불가항력의 재난으로 갑 또는 을이 손해를 입거나 계약 이행이 지체 또는 불가능하게 된 경우에는 서로의 책임을 면제한다.

제29조 (계약의 해석 및 보완) 본 계약에 명시되어 있지 아니하거나 해석상 이견이 있을 경우에는 저작권법이나 민법 등 관련 법률을 준용하고, 그래도 이견이 해소되지 아니하는 경우에는 저작권위원회, 대한출판문화협회 저작권상담실 등 관련 전문기관의 유권해석을 따라 조리에 맞게 해결한다.

제30조 (소송의 합의 관할)
① 본 계약과 관련한 분쟁이 발생할 경우 갑과 을은 제소에 앞서 저작권위원회의 조정을 받아야 한다.
② 저작권위원회의 조정이 성립하지 아니함에 따라 갑과 을 사이에 제기되는 소송은 을의 사업장 소재를 관할하는 법원을 제1심 법원으로 한다.

<u>추가 약정 사항:</u>
전자책은 을 수입액의 20%, 그 밖의 경우 50%를 갑에게 지급한다.

본 계약을 증명하기 위하여 계약서 3통을 작성하여 갑, 을이 서명 날인한 다음 각 1통씩 보관하고, 나머지 1통은 출판권 설정등록용으로 사용한다.

1인1책 아카데미(상담, 일대일코칭, 그룹코칭)

1인1책 아카데미

1인1책에서는 다양한 책쓰기 과정을 운영중이다.

원장 | 김준호
전화 | 02-325-6693(1인1책 사무실)
이메일 | teenbio2005@hanmail.net
홈페이지 | 1person1book.com

아카데미 1 1인1책 상담

교육의 목표
- 출판에 관한 원포인트 레슨
- 책쓰기 기본 상담

교육내용
- 출판 프로세스 이해
- 개인별 맞춤형 코칭

교육시간
- 연중 실시
- 1회 실시(한회 1시 30분 ~ 2시간)

기대효과
- 맞춤형 출판 안내 및 인맥 소개
- 출판 프로세스 이해를 통한 출판 목표 확립

아카데미 2 1인1책 일대일 코칭

교육의 목표
- 1:1 코칭으로 책쓰기 근육 향상
- 한 권이 아닌 다수의 책쓰기 능력 배양
- 저자 홍보능력 강화로 브랜드 구축에 도움

교육내용
- 출판전략 수립
- 기획 아이디어 및 기획서 작성
- 홍보 툴 점검 및 실제 적용 훈련
- 글쓰기 기초 점검

교육시간
- 매주 혹은 격주로 주중 실시(오프라인)
- 총 6회 진행(한회 1시 30분 ~ 2시간)

기대효과
- 출판기획 확정 및 출판사 섭외로 연결
- 맞춤형출판 비전 수립
- SNS 스킬기술 향상으로 브랜드 기초 수립

아카데미 3   1인1책 글쓰기교실

교육의 목표
- 그룹코칭으로 글쓰기 능력 배양
- 고정욱 작가의 멘토링을 통한 자기계발
- 책쓰기의 기초가 되는 글쓰기 능력 향상

교육내용
- 글쓰기 마라톤
- 글쓰기 발표 및 합평
- 개인별 맞춤형 멘토링

교육시간
- 격주 토요일 오전 10시 ~ 12시 / 혹은 오후
- 총 12회 진행(한회 2시간 이상)

기대효과
- 글쓰기 실력 증가로 결과물 도출
- 글쓰기 훈련 통한 책쓰기 출판 아이디어 도출
- 멘토링 전수로 자기만의 콘텐츠 전략 수립

아카데미 4 1인1책 책쓰기교실

교육의 목표
- 그룹코칭으로 책쓰기 능력 배양
- 김준호 대표의 코칭을 통한 자기계발
- 책쓰기의 근육을 만드는 실전 중심의 교육

교육내용
- 책쓰기 마라톤
- 책쓰기 기획 발표 및 합평
- 개인별 맞춤형 멘토링

교육시간
- 격주 주중 실시
- 총 6회 진행(한회 2시간 이상)

기대효과
- 그룹 코칭을 통한 출판기획물 완성
- 차별화된 기획물 출판사 섭외로 연결

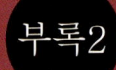

부록2

1인1책 178권의 책

1호

영어에 성공한 사람 17인
이 털어놓는 영어 학습법

수능 뒤집기

대학 내맘대로 골라가기

수능 멘토링

10대의 꿈을 실현해주는
진로 코칭

강남 8학군도 무너졌다
입시전략 다시 짜라

밥장사 멘토링

이범, 공부에 반하다

음식점 경영
이렇게 성공한다

감칠 맛 전략

미래형 부자들

최고의 학습전략 플래닝

논술 공부 99%는
잘못됐다

브라보! 리치 라이프

공부 습관 계획

너의 발칙한 창의력

공부에 제대로 미치게
만드는 공부책

대한민국 20대,
공모전에 미쳐라!

부자 아빠의
5분 투자 수업

PC게임 하듯 공부에
미쳐봐

부록 2. 1인1책 178권의 책

프레젠테이션의 정석   노트 한 권으로 대학가기   핵심인재를 선발하는 면접의 과학   굼벵이 제하가 달라졌어요   언어 영역이 대학을 결정한다

    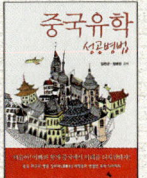

밥장사 클리닉   이렇게 해야 특목고 갈 수 있다   공부체질 이야기   일하면서 떠나는 짬짬이 세계여행   중국유학 성공병법

학원 발가벗기기   펀드투자 함부로 하지 마라   설타누나 나의 멘토가 되어줘!   논술 주제어 사전   습관

책 잘 읽는 아이가 영어도 잘한다   CEO의 거짓말   밥은 굶어도 스타일은 굶지 않는다   아이가 초등 5학년이면 부모는 중학 생활을 준비하라   통 공부법

| 이미지케이션으로 몸값을 올려라 | 행복 이노베이션 | 한국의 재테크 천재들 | 손짓으로 말하는 아기 대화 | 안효주 손끝으로 세상과 소통하다 |

| 1등을 만드는 읽기 혁명 | 히든 카드 | 전교 1등 어린이 노트법 | 대출의 기술 | 수호 천사 이야기 |

| 엄마 매니저 | 이코노게임 | 꿈을 향한 도전 불가능은 없다! | 김창열의 아빠수업 | 화장품에 대한 50가지 거짓말 |

| 수학 요정 | 특목고 엄마들 | 조기유학 필요없는 행복영어 공부법 | 남자가 도망쳤다 | CEO 위기보다 강해져라 |

 이범의 교육특강
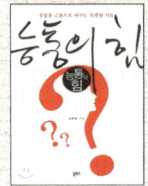 능통의 힘
 중학생 공부 고민 상담실
 부자아빠의 베이스볼 주식투자법
 카페 놀이

 시험 잘 보는 공부법은 따로 있다
 허브 우먼
 꿈을 이루는 습관
 영어 글쓰기왕 비법 따라잡기
 열다섯 살 꿈의 시크릿

 세친구
 입학사정관제 X파일
 경제통찰력
 중학교에서 완성하는 자기주도 학습법
 동·서양 명저 대탐험1

 동·서양 명저 대탐험2
 재즈 스타일
 자기주도형 학습 X파일
 굿바이 사춘기
 그림책 육아

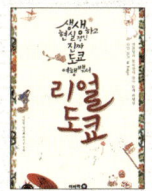		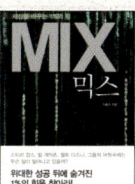		
리얼 도쿄	블루 타임	믹스	두말할 필요 없이, 인생은 유머러스!	로봇의 마음을 훔친 병아리

대학생활 메뉴얼 A+	한국형 사회책임투자	삼성붕괴 시나리오	동안 피부 레시피	스티브 잡스의 창의성을 훔쳐라

사계절 숲 놀이학교	중학교부터 시작하는 언어영역	초등 4학년부터 시작하는 자기주도 학습법	웃기는 학교 웃지 않는 아이들	마법 고양이 초코와 신비의 공부비법

신나는 체험학습 노하우	쉼표여행	내일의 나를 부탁해	마음세수	노공이산

 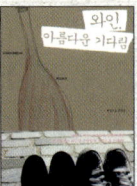   

성경적 자기주도 학습   와인, 아름다운 기다림   마흔 이후, 두려움과 설렘 사이   소프트 마인드   헐리우드 다이어리

중국어판 일하면서 떠나는 짬짬이 여행   스무살 넘어 다시 하는 영어   즐기는 영어토론   나도 잘하고 싶다구   아빠, 경영학이 뭐예요?

아름다운 선물   우리집 건강식탁 프로젝트   중 1부터 통하는 통 공부법   기꺼이 따르는 힘   초등공부 국어가 전부다

하루에 몇 번이나 행복 하세요?   안철수 공부법   우리교육 100문 100답   프리랜서처럼 일하라   먹어 봐! 기적의 열공수프

	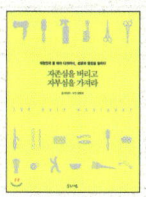	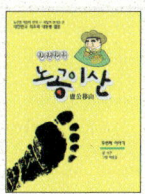		
화려한 경계	자존심을 버리고 자부심을 가져라	노공이산 두번째 이야기	플라이 스카이	으랏차차! 논술의 고수

우리반 전교 1등의 24시	나이듦의 품격	스토리텔링에 강한아이로 키워라	아르미안1	아르미안2
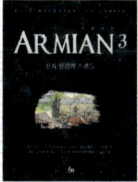				
아르미안3	아르미안4	만성피로 극복 프로젝트	내게 맞는 직업 만들기	수험생 건강관리법
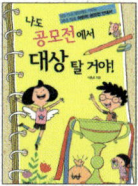				
나도 공모전에서 대상 탈 거야	노공이산 3번째 이야기	노공이산 4번째 이야기	리더십의 또 다른 얼굴, 팔로워십	소

| 열일곱, 사랑앓이 | 열려라! 마법의 스토리텔링 | 드림 밀리어네어 | 함께 그러나 다르게 동료효과 | 내일의 너를 믿어봐 |

| 알함브라 궁전으로 가는 길 | 모든 책들의 기획 노트 | 야뇨증 빨리 낫고 싶어요 | 루니의 생각 공장 모험 | 그림으로 들어간 사람들 |

| 학교 폭력의 예방 및 대책 | 보이는 소리 들리는 마음 | 또래중조 갈등 해결의 이론과 실제 | 동석씨의 충남미 스토리텔링 | 노공이산 5, 6번째 이야기 |

| 굿바이 술 | 신도 모르는 비밀 | 아버지의 바다 | 나와 세상에 말하고 싶은 아이 | 아빠, 마케팅이 뭐예요? |

100세 시대 부동산 은퇴설계

창의방정식의 비밀

우리반 전교 1등의 24시

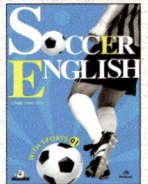
Soccer English

그림에 차려진 식탁들

개쉬운 영어

김명기 보컬 트레이닝

건강은 너의 힘

아빠, 음악이 뭐예요?

미래 주거문화 대혁명

위기탈출 112

1일 1독서의 힘

인문학 바로 쓰기

부록 2. 1인1책 178권의 책

1인1책 MEMO